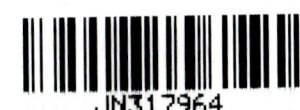

民事再生法書式集

新　版

監　修

園尾隆司　　須藤英章

第 二 東 京 弁 護 士 会
倒産法制検討委員会 編集

信 山 社

発刊のことば

手続は書式に始まり、書式に終わる。

弁護士になったとき、先輩弁護士から「早訴状」を勧められた。あれこれ考え過ぎて申立（訴訟の場合は訴訟提起）が遅くなるよりも、迅速に申立書を作成して早めに申立をすることが肝要であることを戒めるものである。

特に民事再生手続では、申立実務を担当する弁護士は依頼者から依頼を受けた場合に、迅速に各種申立をする必要に迫られる。これに対応して、裁判所自身省力化できるところを省力化して、迅速に処理できる体制を構築されている。質のいい書式集があれば、そこに依頼者から聴取した内容をインプットして、迅速に申立をすることが可能となる。不備の訂正や不足資料の追完は、その後必要に応じてやればいい。

本書は、当第二東京弁護士会の倒産法制検討委員会が英知を結集して作成し、更に民事再生法施行後の実施状況を踏まえたうえで、大幅に内容を拡充した最新の書式集である。

必ずや実務家をはじめ民事再生手続を利用しようとする方々のお役に立ち、民事再生手続の適正化・迅速化に寄与すると信ずるものである。

平成13年4月

第二東京弁護士会
会長　久保利　英明

監修のことば

民事再生事件の進行は迅速である。標準的な事件では、申立後3か月程度で再生計画案を提出しなければならず、申立後6か月以内に債権者集会が開かれることになる。この手続に要する労力を少しでも節減して効率的な作業をするには、適切な書式の存在が不可欠である。そのような書式集の作成を目指して本書の原稿が作成された。その過程に私も監修者として加わらせていただき、裁判事務の円滑な進行の観点から率直に意見を述べさせていただいた。よい書式集ができることは、裁判所の手続を円滑に進める上で役立つところが大きいからである。その意見のすべてを適切に咀嚼していただいて、本書が出来上がったものであり、本書は、民事再生手続に携わる者にとって優れた水先案内人の役割を果たすものと考える。できる限り多くの実務家に本書が参照され、民事再生手続について一層円滑な進行が図られることを期待するものである。

園　尾　隆　司

監修のことば

書式は「コロンブスの卵」のようなものである。出来上がった参考書式を見ると、ごく当たり前の、誰でも思いつく簡単な書面のように思いがちだが、参考書式なしに初めからこれを自分で作るとなると、呻吟してかなりの時間がかかってしまう。書式作成は、論文と違って研究業績にはならないが、実務に役立つ点では、論文の比ではない。このような地味な仕事をなし遂げた委員会のメンバーに心から敬意を表したい。そして「超」のつくご多忙の中を、熱心に逐一これを検討し監修して下さった園尾部長に感謝申し上げたい。

須　藤　英　章

目　　次

第１章　注意事項・スケジュール等

第２章　再生手続開始申立関係書類

第３章　保全処分その他財産保全の手続関係

第4章　申立前後の検討資料

第5章　申立時の債権者対応書類

第6章　その他申立時準備書類

第7章　開始決定に関する書類

第8章　債権届出・調査・確定関係

第9章　再生債権の弁済等の関係

第10章　担保権関係

第11章　再生計画およびその決議関係

第12章　営業譲渡関係

第13章　債権者集会までの諸手続関係

第14章　簡易再生・同意再生関係

第15章　監督委員関係

第16章　保全管理人関係

第17章　管財人関係

第18章　調査委員関係

第19章　債権者集会終了後の諸手続

第20章　その他参考書類

本書の使い方

1　本書は、企業・事業者について、これから民事再生手続を申立てようとされている当事者そして何よりも申立代理人となる弁護士の方々に、直ちに役立つ書式として使っていただくことを念頭に作りました。

また，まだ民事再生手続をこれから勉強しようとしている方に対しても、多くの実務書が出ていますが、理論面だけでなく、本書を一緒に見ていただくと、ただ理論を棒読みするだけでは理解しにくい民事再生手続の流れが、具体的となって自然と理解されるように工夫されています。

2　特に東京地方裁判所における民事再生の実務の流れに徹底して忠実に、この一冊があれば、東京地方裁判所の民事再生手続の書式に困らない、ということを考えて作りましたので、これから東京地方裁判所に民事再生手続を申立てようとされている方には、すぐにでも利用していただくことができます。

ただし、東京地方裁判所の運用はしばしば変わることがありますので、ご注意ください。また、他の裁判所で使われている書式を掲載したものもありますが、その場合はその旨を記載しています。

3　民事再生手続の実務の流れを徹底して追求しており、書式としてあまり利用されることのないようなものは、厳選のうえ、意識的に除外したものもあります。

また、東京地方裁判所以外の地方裁判所に民事再生の申立てをされる場合には、当該裁判所の要求するものにアレンジしていただくことが必要となります。しかし、そのような場合でも、本書にヒントを得て、参考書としてご利用いただくことができるのではないかと思います。

各書式末尾に、根拠条文、参照条文または簡単なコメントを（注）として加え、必要に応じて書式中に注番号を付しました。各々の事案に合うように各書式のアレンジを行なう際、（注）には必ず目を通し、各々の条文にあたることをお勧めします。

4　本書は、上記のとおり、企業再生に関する書式集であり、個人民事再生に関する書式は収録していません。ただし、条文番号は、個人民事再生に関する改正後の民事再生法の条文番号に対応しております。

5　申立代理人の負担が大きいといわれている民事再生手続を、誰もが利用しやすい制度として定着することに、本書が、お役に立てれば望外の喜びです。

執筆者一同

書式番号 1　依頼者に対する手続の説明書

平成12年４月○日

㈱○○○○
　代表取締役　甲野太郎　殿

弁護士　乙　野　次　郎

再生手続について

民事再生法に基づく再生手続についてご説明いたします。

一　再生手続の特色
　1　再生手続
　再生手続は、再生債務者たる企業の再建（維持再生）を図る手続です。もっとも、再建の中には、再生債務者の営業を第三者に譲渡し再生債務者自身は（特別）清算により消滅し、結果として再生債務者の事業自体は活かす、という清算型の事業再建も含まれます。
　2　自主的手続
　再生手続は、原則として再生債務者自身の業務遂行権や財産の管理処分権を認める自主的再建手続です（法38条）。
　もっとも、裁判所から、一定の行為について裁判所の許可を得なければしてはならないものと行為制限を受け（法41条）、また東京地方裁判所の場合には原則的に監督委員が選任され、その監督を受けます（法54条）。
　民事再生法は、再生債務者の財産の管理処分が失当であるとき等再生債務者の事業の再生のために特に必要（監督委員の監督では不十分な場合を想定しているものとされています。）と認められるときは、裁判所により保全管理人（再生手続開始決定前）ないし管財人（再生手続開始決定後）が選任される旨の規定があり、この場合には、保全管理人、管財人が業務の遂行や財産の管理処分権を有する（従って、再生債務者は経営権を失うこととなる。）こととなります（法66条、81条）が、裁判所の運用では極めて例外的な扱いです。再生債務者の財産の管理処分が失当である場合には、必ずしも保全管理人、管財人が選任されることにはならず、再生手続開始の申立棄却（法25条４号）、再生手続の廃止（法193条）により破産宣告に至る（法15条）おそれがありますので、注意を要します。
　3　早期申立（早期治療）
　再生手続は、①再生債務者に破産原因たる支払不能、支払停止または債務超過の生ずるおそれがあるときに加え、②再生債務者が事業の継続に著しい支障を来すことなく弁済期にある債務を弁済することができないとき（例えば、主要な生産設備の売却や高利の借入等による資金調達手段が残っていても、これを行えば事業の継続に著しい支障を来すとき）に申立が認められますので（法21条）、再建の体力が未だ残っている段階で早期に再生手続による治療を受けることができる手続です。

二　手続の流れ等

1　再生手続の流れは、別紙のとおりです。

2　スケジュールとしては、東京地方裁判所においては、申立から開始決定まで２週間程度、申立から再生計画認可決定まで６ヵ月程度とされています。

3　費用

再生手続開始の申立に要する主な費用は、予納金及び弁護士報酬です。

なお、予納金は別紙一覧表のとおり、原則として負債総額を基準に決められています。

4　申立の取下げについて（法32条）

申立の取下げは、再生手続開始の決定前であれば可能ですが、下記の命令等がなされた後は裁判所の許可が必要となりますので注意を要します。

記

①　法26条１項の中止命令（他の手続の中止命令等）
②　包括的禁止命令（法27条）
③　法30条１項の保全処分（仮差押え、仮処分その他の保全処分）
④　法31条１項の中止命令（担保権実行としての競売手続の中止命令）
⑤　監督命令（法54条１項）
⑥　保全管理命令（法79条１項）

5　再生手続の終了に伴う破産宣告について（注１）

再生手続が失敗したとき（再生手続開始の申立ての棄却、再生手続廃止、再生計画不認可、再生計画取消しの決定が確定したとき）には、裁判所は破産原因たる事実があると認める場合、職権で破産宣告をすることができます（法16条１項）ので注意を要します。

6　その他

- 民事再生法においては、法人の役員等の責任追及に関する制度が設けられています（法142条以下）。
- 再生計画が認可決定の確定により効力を生じても、保証人に対する保証債務履行請求権、物上保証に係る担保権には影響を及ぼしませんので、ご留意ください。

三　再生計画について

1　再生計画案は、原則として、再生債権の一般調査期日の末日から２ヵ月以内に作成されなければならず、作成期間の伸長も原則として２回を超えては認められません（規則

84条）。

2　弁済計画は10年以内

再生計画における弁済計画は、原則として、再生計画認可決定の確定から10年を超えない範囲で定める必要があります（法155条２項）。

3　減資条項

再生手続は、再生債務者の自主管理権が維持される手続ではありますが、逆に、倒産に責任のある経営者のモラルハザードを招くことを防止し、また、再生後の会社の株式を、スポンサーや株式による振替弁済を受ける再生債権者等に分与することを可能とするため、株式会社の再生計画には減資に関する条項を定めることができるものとされました。

例えば、財産の管理処分が失当で管財人が選任された場合とか、再生債権者の反発が強い場合など、再生計画において減資条項を設ける場合があります。

4　可決要件

再生計画の可決要件は、議決権ある再生債権者で決議に出席したものの過半数（頭数要件）で、議決権ある再生債権者の議決権総額の二分の一以上（議決権額要件）の同意です（法171条４項）。

なお、債権者集会を開かずに、裁判所が再生債権者に対し送付する書面により決議に付す書面決議の制度も認められています（法172条）が、東京地方裁判所民事20部の扱いでは原則として債権者集会において再生計画案を決議する運用が図られています。

四　簡易な再生手続について

1　簡易再生手続

届出再生債権について裁判所が評価した総額の五分の三以上にあたる債権を有する届出再生債権者が、書面により、再生計画案に同意し、かつ、再生債権の調査確定の手続の省略に同意しているときは、再生債権の届出期間の経過後一般調査期間の開始前に限り、裁判所は再生債務者（管財人）の申立により、簡易再生の決定をすることができ、再生債権の調査確定の手続を省略することができます（法211条）。これにより手続を大幅に短縮することが可能となりますが、再生計画の決議は債権者集会における決議に限定され、書面決議は認められません。

ただし、簡易再生手続は、再生債権の調査確定手続を経ませんので、再生計画に届出債権者の確定した権利内容と変更後の権利内容を定めることはできず、従来の和議における和議条件に類似する再生計画となります。また、債権の調査確定手続を経ていませんので、再生債権者表には執行力は付与されません（法180条２項の不準用）。

2　同意再生手続

また、全ての届出再生債権者が、書面により、再生債務者の提出した再生計画案に同意し、かつ、債権調査確定手続を省略することに同意している場合には、同意再生の決定により債権の調査確定手続を省略するだけでなく、再生計画案についての決議をも省略することができ、極めて迅速に再生計画が認可される制度が認められています（法217

条以下)。

ただし、債権の調査確定手続を経ないことによる影響は簡易再生と同様です。

五　再建の手法について

再生手続において認められている再建の手法について補足いたします。

1　営業等の譲渡

再生手続においては、再生手続開始後に裁判所の許可を得て再生債務者の営業または事業の全部または一部を譲渡する営業等譲渡の規定が設けられています（法42条)。債務超過の場合には裁判所の許可を株主総会の決議に代えることができます（法43条)。

2　担保権消滅請求制度（法148条以下）

再生手続においては、抵当権等の担保権は別除権とされ原則として再生手続に拘束されません。

しかし、民事再生法では、担保権が設定されている財産が再生債務者の事業の継続に欠くことができないものであるときは、再生債務者（管財人）が、消滅を求める担保権の目的財産の価額を記載して裁判所にその消滅の許可を申し出ることができるという担保権消滅請求の制度が設けられました。その場合、再生債務者（管財人）は、財産の価額の決定が確定したときには、その価額に相当する金銭を裁判所に納付しなければなりませんが、納付すれば当該担保権にかかる登記、登録は嘱託で抹消され、納付金は担保権者に配当されます。

これにより、事業の継続に必要不可欠な財産に担保権が設定されている場合であっても、相当な対価を調達できれば強制的に当該担保権を抹消することができるようになりました。

但し、東京地方裁判所の運用では、この制度により担保権の消滅を認めることには慎重です。

以　上

（注１）㈱○○○○が従前に破産宣告を受けていない場合を想定。

書式番号
2
申立依頼時の役員誓約書

平成12年４月○日

弁護士　乙　野　次　郎　殿

誓　　約　　書

住所
甲　野　太　郎　印
住所
○　○　○　○　印
住所
○　○　○　○　印

株式会社○○○○の再生手続開始申立にあたり、会社役員として次のとおり誓約いたします。

1　法令の定め及び東京地方裁判所の決定・命令を遵守し、違反行為はもちろんのこと、これと疑われる行為は一切いたしません。
2　債権者に対し、公平誠実に再生手続を追行し、一部の債権者に対し偏頗弁済をするなど裏取引をしないことを誓います。
3　申立代理人乙野次郎弁護士が役員の責任に基づく損害賠償請求権が存在するものと認めた場合には、民事再生法に基づき保全処分、査定の申立等の手続に協力いたします。
4　申立代理人乙野次郎弁護士の指示、監督に従って行動し、誠心誠意、会社再建に努力します。
5　裁判所により監督委員、調査委員、保全管理人、管財人が選任された場合には、当該委員の指示を遵守するとともに、当該委員による調査に誠実に対応いたします。
6　再生手続の遂行のために減資及び増資の手続が必要となった場合には、申立代理人乙野次郎弁護士の指示に従い必要な手続を行います。
7　弁護士報酬につきましては、申立前に金○○○円をお支払いすることを確約し、弁護士報酬が支払われない限り、再生手続開始申立をなされなくても、異議を申し述べません。

書式番号
３
申立前後のスケジュール表

再生手続申立前後のスケジュール例（上場会社の例）

日にち	時　刻	実施事項	内　　容	担当者	準備するもの
５月26日	13：30～15：00	取締役会	再生手続開始申立の決議	社長	取締役会議事録・訴訟委任状
	15：00	重要事項開示	東証ほかへの申立の連絡	総務部長	議決通知書・申立についての説明書類
	15：00	裁判所への申立	申請書類（保全命令申立を含む）一式の提出と予納金納付	丁野弁護士	申立書類一式・予納金
	15：00	従業員への説明	再生手続の概要・従業員の行動指針等を説明する。	乙野弁護士	（書式47、48参照通知マニュアル）
	15：30	裁判所との面接		丁野弁護士 社長	
	15：30	保全措置の実施	申立代理人の告示書を提出し、従業員を要所に配置する。	総務部長	申立代理人の告示書
	16：00	関係先への通知	金融機関・得意先・債権者等へ通知・債権者説明会の案内	総務部長	通知・債権者説明会案内状
	16：00	大型倒産指定の申請	（書式44等参照）	総務部長	各都道府県毎の債権者名簿
	17：00	保全命令・監督命令取得	裁判所で保全命令・監督命令を取得・金融機関ほか関係先へ通知	丁野弁護士	請書
	18：00	記者会見	再生手続申立の公表	社長	マスコミへの配付資料
	18：00	労働組合への説明		総務部長	
５月27日	９：30～	主要債権者への挨拶		社長 丁野弁護士	
	10：00～	保全命令謄本の持ち込み	手形決済銀行に保全命令謄本を持ち込む	総務部長	保全命令謄本
５月28日	10：00～	債権者説明会		社長 乙野弁護士	説明資料・監督委員への出席要請

書式番号 4　作成書類のチェックリスト

再生手続（法人用）

	書　類	準備担当者	期限	部数	備　考
1	申立書				
2	定款				必要的（規則　14条２号）
3	会社登記簿謄本				申立日から１ヵ月以内のもの（必要的　同２号）
4	債権者一覧表（債権者の種類毎）				フロッピーディスクも（必要的　規則14条３号）
5	貸借対照表・損益計算書				過去３年分（必要的　規則14条５号）
6	資金繰表（実績）				過去１年分（必要的　規則14条６号）
7	資金繰表（見込み）				６ヵ月（保全処分を前提に）（同上）
8	労働協約・就業規則				（必要的　規則14条８号）
9	会社案内（パンフレット等）				（必要的　添付書類）
10	今後の事業計画書				（必要的　添付書類）
11	取締役会議事録				（必要的　添付書類）
12	委任状				（必要的　添付書類）
13	収入印紙（申立書貼付用）				
14	予納郵券				
15	予納金　○○○円				
16	再生事件連絡メモ（法人用）				東京地裁の場合、前日に連絡する。
17	株式名簿・社債原簿				
18	会社組織図				
19	営業所・工場等の所在一覧表				
20	財産目録				不動産・機械設備等個別に記載
	固定資産目録				（規則14条４号）（但東京地裁では申立時不要）
	担保目録				担保の目的となっている物件の目録
	リース物件目録				リースの目的となっている物件の目録
	強制執行等目録				強制執行、仮差押等の対象物件の目録と債権者名
21	不動産登記簿謄本				（規則14条７号但東京地裁では不要）
22	その他の登録ある財産の原簿				自動車登録証、特許原簿等（同上）
23	支店・営業所の管轄法務局一覧表				登記された支店・営業所がある場合
24	保全処分申立書				保全処分の申立を行う場合
25	保全処分決定謄本提出先一覧表				住所付のもの
26	申立のお知らせ兼債権者説明会案内				
27	債権者説明会資料				
28	申立代理人名の告示書				商品搬出等に対し警告するもの

（注１）　東京地裁の場合、保全処分は弁済禁止の仮処分、業務及び財産管理状況の定期報告に対する仮処分が中心であり、不動産の処分禁止の仮処分は発令しない扱いになっている。このため、19ないし23は申立債務者の便宜の為に準備する意味を持つにすぎない。

書式番号 5　民事再生手続標準スケジュール（東京地裁）

民事再生手続標準スケジュール（平成13・１・９改訂）

東京地方裁判所民事第20部

手　　　　続	申立日からの日数
申立・予納金納付	0日
保全処分発令・監督委員選任	0～2日
第１回打ち合わせ期日	2週間
開始決定	2週間＋1日
債権届出期限	6週間
財産評定書・報告書提出期限	2月
計画案（草案）提出期限	2月
第２回打ち合わせ期日	2月
認否書提出期限	9週間
一般調査期間	10週間～11週間
計画案提出期限	3月
第３回打ち合わせ期日	3月
監督委員意見書提出期限	3月＋1週間
債権者集会招集決定	3月1週間＋2日
債権者集会・認否決定	5月

平成12年４月１日施行。６月15日、７月10日、７月31日、13年１月９日改訂

（注１）　東京地方裁判所が配布しているものである。時々改訂されているので注意を要する。

書式番号 6　再生事件連絡メモ（法人用）

以下の事項に記入のうえ、申立会社の資格証明と共にFax送信してください。（送付書不要・Fax No. 3592-9462）

申立会社名	（主な営業）		
担当弁護士名（連絡先）	Tel　　　　　　　Fax		
負債総額	約　　億　　万円	予定債権者数	名
申立予定日	月　　日　午前・午後	保全処分謄本必要数	通

（保全謄本１通につき収入印紙150円分が必要です）

保全処分の主文（定型）は、次のとおりです。申立日と同日に発令になります。

再生債務者は、下記の行為をしてはならない。

再生債務者は、平成　　年　　月　　日（保全処分発令日）以降毎月末日締切りにより、再生債務者の業務及び財産の管理状況についての報告書をその翌月10日までに当裁判所及び監督委員に提出しなければならない。

記

平成　　年　　月　　日（保全処分発令の前日）までの原因に基づいて生じた債務（次のものを除く）の弁済及び担保の提供

租税その他国税徴収法の例により徴収される債務
再生債務者とその従業員との雇用関係により生じた債務
再生債務者の事業所の賃料、水道光熱費、通信に係る債務
再生債務者の事業所の備品のリース料
10万円以下の債務

その他特記事項があれば、ご記入下さい。

以下は、裁判所使用欄です。

平成　　年（再）第　　号		担当書記官　A　B　C　D 主任裁判官　a　b	
予納金	万円	監督委員	
期　日	月　　日　午前・午後　　時　　分		

書式番号 7　再生手続開始申立書

再生手続開始申立書

〒○○○—○○○○　東京都千代田区霞が関　丁目　番　号
申立人（再生債務者）○○○○株式会社
代表者代表取締役　甲　野　太　郎

（送達場所）
〒○○○—○○○○　東京都千代田区霞が関　丁目　番　号
申立代理人弁護士　乙　野　次　郎
電話　03—○○○○—○○○○
FAX　03—○○○○—○○○○

第１　申立ての趣旨
　申立人について、再生手続を開始する
との決定を求める。
第２　再生手続開始の原因である事実
　1　申立人は、平成12年　　月が支払日となっている支払手形（額面合計○○○万円）の決済資金を調達することが困難であり、仮に同手形を決済しようとすれば、申立人が所有している土地建物・機械設備等会社運営に必要不可欠な資産を処分しなければならず、かかる処分をすれば事業の継続に著しい支障をきたすことは明らかである。
　2　右の事実が生じた事情は、次のとおりである。
（会社の業績が悪化し、資金繰りに窮するに至った経緯を記載する。）
第３　会社の事業の状況及び概要等
　1　会社の目的
　　会社の目的は、定款に定めてあるとおり
　(1)　……（略）
　であるが、主として営んでいる事業は、
　(1)　……（略）
　である。
　2　会社の経歴及び業界における地位
　3　事業の状況
　　過去１年間の事業の状況は、別紙の資金繰り表の実績表記載のとおりである。

4　会社の役員
5　会社の従業員
(1)　正社員
(2)　パートタイマー
(3)　アルバイト
6　事務所及び営業所の状況
第４　会社の発行済株式の総数、資本の額、資産、負債その他財産の状況
1　会社の発行済株式の総数　　〇〇〇万株
2　資本の額　　〇億〇〇〇万円
3　会社の株主
平成12年　　月　　日現在の株主数は　　名である。
株主の内訳は、別紙株主名簿記載のとおりである。
4　会社の資産、負債及び財産の状況
別紙財産目録、比較貸借対象表、比較損益計算書のとおりである。
5　会社に対する債権者
(1)　担保権付債権者　別紙担保権者一覧表記載のとおりである。
(2)　租税・公租公課関係債権者　別紙債権者一覧表Ⅰ記載のとおりである。
(3)　従業員関係（賃金・退職金等）債権者
別紙債権者一覧表Ⅱ記載のとおりである。
(4)　その他の債権者　別紙債権者一覧表Ⅲ記載のとおりである。
6　会社の主要取引先
申立人の大口取引先は、
(1)　〇〇〇株式会社（年間取引額約〇〇〇万円）
（略）
などである。
第５　会社財産に関してされている他の手続又は処分
（略）
第６　労働組合の有無
1　名称
2　代表者氏名
3　組合員の数
4　その他
第７　外国倒産処理手続開始の有無
（略）
第８　会社の設立又は目的である事業について官庁その他の機関の許可
1　許可官庁の名称及び所在地
2　許可の内容
第９　再生計画案作成の方針についての意見

1　事業の再生の方法
2　今後の資金繰りの予定
3　債権者、従業員及び主要取引先の協力の見込み
4　申立人の意見

以上

添　付　書　類

①　1　委任状
2　定款の写し
3　取締役会議事録の写し
4　商業登記簿謄本（申立日から１ヵ月以内のもの）
5　債権者一覧表（担保付債権者、リース債権者、租税など債権者、従業員関係、一般債権者など）
6　貸借対照表・損益計算書（過去３年分）

②　1　資金繰り実績表（月別、過去１年分）
2　資金繰り表（今後６ヵ月間のもの）
3　今後の事業計画書
4　会社の概要説明（パンフレット等）
5　労働協約（または就業規則）
6　営業所及び工場の所在一覧表
7　支店・営業所の管轄法務局名が記載された一覧表（登記された支店・営業所がある場合）

平成　　年　　月　　日

申立代理人弁護士　乙野　次郎　　印

東京地方裁判所民事第20部　御中

（注１）　上記①、②は分ける。上記①の添付書類はそのまま提出し、②の書類は別途ファイル化して提出する。
（注２）　申立書原本の他に、写しを監督委員及び主任裁判官用に２部作成する。添付資料は原本の他に監督委員用に写しを１部提出する。

書式番号
8
民事再生事件申立書添付書類（法人用）

民事再生事件申立書類提出要領（法人用）

申立書類は次の２種類に分けて下さい。

①□　開始申立書
　□　委任状
　□　定款の写し
　□　取締役会の議事録の写し
　□　商業登記簿謄本（申立て日から１ヵ月以内のもの）
　□　債権者一覧表（担保権付債権者、リース債権者、租税等債権者、従業員関係、一般債権者等に分けて、かつ、債権者の氏名（名称）、住所、郵便番号及び電話番号（Fax番号も）並びにその有する債権及び担保権の内容を記載した一覧表）
　☆　申立書に、それぞれの債権者数と債務額合計、及び総合計を記載してください。
　□　貸借対照表・損益計算書（過去３年分）
　（保全処分申立の場合）
　□　保全申立書
　□　決定謄本提出先（金融機関）一覧表（住所付き）

②□　資金繰り実績表（月別、過去１年分）
　□　資金繰り表（今後６ヵ月間のもの）
　□　今後の事業計画書
　□　会社の概要説明書（パンフレット等）
　□　労働協約または就業規則
　□　営業所及び工場の所在一覧表
　□　支店・営業所の管轄法務局名が記載された一覧表（登記された支店・営業所がある場合）

　☆　①の書類についてはそのままで、②の書類については別にファイルにより整理してご提出いただくよう、御協力をお願いします。
　☆　申立書原本及び写し２部（監督委員、主任裁判官用各１部）並びに添付資料原本及び写し１部（監督委員用）を提出してください。

（注１）　東京地方裁判所で配布している書類である。

書式番号
9
債権者一覧表

単位：千円

支払手形	167,345
裏書手形	300,000
工事未払い金	152,371
短期借入金	120,400
未完成工事受入金	218,435
その他流動負債	84,534
未払税金	50,000
従業員退職引当金不足額	100,000
長期借入金	53,846
その他固定負債	26,676
保証債務	400,000
合　　　　計	1,673,607

支払手形及び裏書手形債権者　単位：千円

NO	債権者名	額面金額	〒	住所	電話番号	FAX番号	担当者
1	○○建設工業						
2	○○開発						
3	○○建設						
4	○△土木						
5	△△開発						
6	□□工務店						
7	○△建設						
8	○○土木						
9	△□開発						
10	□△工務店						
11	○○組						
12	△□JV						
13	○○ビル						
14	□□ビルディング						
	合　計						

工事未払金債権者　単位：千円

NO	債権者名	債権額	〒	住所	電話番号	FAX番号	担当者	現場名
1	○○運輸							
2	○○土木開発							
3	○○運送							
4	○△運輸							
5	△△建設工業							
6	□□開発							
7	○△建設							
8	○○土木							
9	△□開発							
10	□△工務店							
11	○○建設							
12	△□土木							
13	○○開発							
14	□□工務店							
15	○○組							
16	△□JV							
	合　計							

長短期借入金債権者

NO	債権者名	支店	短期借入金額	長期借入金額
1	○○銀行	○○支店		
2	△△銀行	△△支店		
3	□□銀行	本店営業部		
4	○□銀行	○○支店		
5	○△銀行	△△支店		
6	□○銀行	本店営業部		
7	□△銀行	○○支店		
8	△○銀行	△△支店		
9	△□銀行	本店営業部		
10	○○建設			
11	○○工務店			
	合計			

（＊下段につづく）

単位：千円

合計借入金額	〒	住所	電話番号	FAX番号	担当者

未完成工事受入金　　単位：千円

NO	債務者名	債権金額	〒	住所	電話番号	FAX番号	担当者
1	○○建設	57,435					
2	○△土木	30,000					
3	△△開発	30,000					
4	□□工務店	30,000					
5	○△建設	15,000					
6	○○土木	14,000					
7	△□開発	12,000					
8	□△工務店	10,000					
9	○○組	10,000					
10	△□JV	10,000					
	合計	218,435					

未払税金債権者　　単位：千円

NO	債権者名	金額	納期限	〒	住所	電話番号	FAX番号	担当者
1	○○税務署							
2	□□税務署							
3	△△税務署							
4	○○市							
5	□□市							
6	△△市							
7	○○区							
8	□□区							
9	△△区							
	合計							

従業員退職給与引当金不足額

単位：千円

NO	債務者名	債権金額	〒	住所	電話番号	FAX番号
1	○○太郎	10,000				
2	○△一郎	10,000				
3	△△二郎	10,000				
4	□□三郎	10,000				
5	○△花子	10,000				
6	○○次子	10,000				
7	△□賢治	10,000				
8	□△四郎	10,000				
9	○○五郎	10,000				
10	□□花子	10,000				
	合計	100,000				

保証債務債権者

単位：千円

NO	債権者名	金額	〒	住所	電話番号	FAX番号	担当者	主債務者
1	○○銀行							
2	△△銀行							
3	□□銀行							
4	○□銀行							
5	○△銀行							
6	○△土木							
7	△△開発							
8	□□工務店							
9	○△建設							
10	○○土木							
11	△□開発							
12	□△工務店							
	合計							

その他の債権者

単位：千円

NO	債権者名	金額	〒	住所	電話番号	FAX番号	担当者	債権の種類	備考
1	□□給油								
2	○△石油								
3	○○石油								
4	○○機材								
5	○○文具								
6	○○電話サービス								
7	○○通信								
8	○○カンパニー								
9	○○クリーンサービス								
	合計								

リース債権者

NO	債権者名	金額	〒	住所	電話	FAX	担当者	債権の種類	備考
1	○△リース								
2	△△リース								
3	□□リース								
4	○△リース								
5	○○リース								
6	○△リース販売								
7	△△リース販売								
8	○○カンパニー								
9	○○クリーンサービス								
10	○○カンパニー								
11	○○クリーンサービス								
	合　　計								

書式番号
10
担保権者一覧表

担 保 権 者 一 覧 表

単位：千円

NO	債権者名	支店	債権金額	〒	住所	電話番号	FAX番号	担当者	担保物件
1	○○銀行	○○支店							
2	△△銀行	△△支店							
3	□□銀行	本店営業部							
4	○□銀行	○○支店							
5	○△銀行	△△支店							
6	□○銀行	本店営業部							
7	□△銀行	○○支店							
8	△□銀行	△△支店							
9	△□銀行	本店営業部							
10	○○建設								
11	○○工務店								
	合計								

書式番号
11
債務者一覧表

債　務　者　一　覧　表

単位：千円

NO	債務者名	債権金額	〒	住所	電話番号	FAX番号	担当者
1	○○建設	63,365					
2	○△土木	60,000					
3	△△開発	30,000					
4	□□工務店	30,000					
5	○△建設	15,000					
6	○○土木	14,000					
7	△□開発	12,000					
8	□△工務店	10,000					
9	○○組	10,000					
10	△□JV	10,000					
11	○○ビル	20,000					
12	□□ビルディング	10,000					
	合計	284,365					

（注１）東京地裁では提出を要しない。

書式番号 12　資金繰り表（実績）

資金繰り表（実績・平成11

		平成11年 4月	5月	6月	7月	8月	9月
前月繰越		235,698	173,382	106,576	161,831	118,404	70,803
収入	現金売上	212	263	10	62	333	256
	売掛金回収	23,555	18,025	25,987	20,102	23,514	17,405
	受手取立	562	225	8,962	7,856	2,369	856
	商手割引	78,659	65,325	70,058	78,126	77,582	75,985
	その他	320	320	320	320	320	320
	資産処分等			111,286			98,758
	収入計	103,308	84,158	216,623	106,466	104,118	193,580
支出	現金仕入	32	36	12	25	222	14
	買掛金支払	32,666	33,258	22,336	17,456	18,652	11,742
	人件費	9,650	9,230	20,001	9,523	9,000	9,213
	販管費	4,953	4,986	5,231	5,269	5,623	5,874
	リース料	2,123	2,123	2,123	2,123	2,123	2,123
	その他	1,258	523	456	547	2,035	3,652
	手形決済	62,356	48,222	58,623	62,364	61,478	69,528
	借入金返済	52,586	52,586	52,586	52,586	52,586	52,586
	支出計	165,624	150,964	161,368	149,893	151,719	154,732
差引過不足		−62,316	−66,806	55,255	−43,427	−47,601	38,848
翌月繰越		173,382	106,576	161,831	118,404	70,803	109,651

手形による回収	78,524	80,236	76,235	71,223	81,986	75,689
受手取立・割引	79,221	65,550	79,020	85,982	79,951	76,841
手形残高	82,653	97,339	94,554	79,795	81,830	80,678

（注１）　再生手続開始の申立の日前１年間の資金繰りの実績を明らかにする書面

（注２）　会社の会計帳簿に粉飾がなされている場合があるが、過去の実績を参考
努めるべきである。

年４月～平成12年３月）

単位：千円

			平成12年			合　　計
10月	11月	12月	１月	２月	３月	
109,651	46,226	5,830	4,520	12,548	70,803	
320	111	32	124	777	365	2,865
14,651	29,520	36,254	11,011	21,563	23,521	265,108
236	0	986	8,744	9,995	8,952	49,743
69,889	80,982	75,014	88,012	77,489	66,589	903,710
320	320	320	320	320	320	3,840
						210,044
85,416	110,933	112,606	108,211	110,144	99,747	1,435,310
85	74	55	14	25	55	649
21,356	20,035	14,222	10,478	22,336	24,556	249,093
9,002	8,952	18,523	8,802	8,802	8,852	129,550
4,058	5,745	5,569	4,587	5,236	5,002	62,133
2,123	2,123	2,123	2,123	2,123	2,123	25,476
2,145	1,489	2,046	1,954	1,875	1,025	19,005
57,486	60,325	66,852	70,211	58,241	55,555	731,241
52,586	52,586	4,526	2,014	2,014	0	429,242
148,841	151,329	113,916	100,183	100,652	97,168	1,646,389
－63,425	－40,396	－1,310	8,028	9,492	2,579	－211,079
46,226	5,830	4,520	12,548	22,040	73,382	

87,562	78,452	75,361	86,759	77,148	78,695	947,870
70,125	80,982	76,000	96,756	87,484	75,541	953,453
98,115	95,585	94,946	84,949	74,613	84,984	

（規則14条６号）。

に将来の資金繰りを想定するという観点からすると、粉飾を修正した現実の資金繰り実績表を作成するよう

書式番号
13
資金繰り表（見込み）

資金繰り表（見込み・平成12年４月～９月）

単位：千円

		４月	５月	６月	７月	８月	９月	合　計
収入	現金売上	0	0	0	0	0	0	0
	売掛金回収	23,000	25,000	28,000	23,000	23,000	23,000	145,000
	受手取立	12,456	65,325	70,000	78,000	77,000	76,000	378,781
	商手割引	0	0	0	0	0	0	0
	その他	320	320	320	320	320	320	1,920
	現金収入計	35,776	90,645	98,320	101,320	100,320	99,320	525,701
支出	現金仕入	76,000	79,000	81,000	82,000	81,000	83,000	482,000
	買掛金支払	2,000	0	0	2,000	2,000	2,000	8,000
	人件費	8,000	8,000	8,000	8,000	8,000	8,000	48,000
	販管費	5,000	5,000	5,000	5,000	5,000	5,000	30,000
	リース料	2,000	2,000	2,000	2,000	2,000	2,000	12,000
	光熱費	1,000	1,000	1,000	1,000	1,000	1,000	6,000
	その他	2,000	2,000	2,000	2,000	2,000	2,000	12,000
	現金支出計	96,000	97,000	99,000	102,000	101,000	103,000	598,000
差引過不足		−60,224	−6,355	−680	−680	−680	−3,680	
前月繰越		111,000	50,776	44,421	43,741	43,061	42,381	
翌月繰越		50,776	44,421	43,741	43,061	42,381	38,701	

手形による回収	78,000	77,000	76,000	68,000	80,000	78,000	457,000
受手取立・割引	12,456	65,325	70,000	78,000	77,000	76,000	378,781
手形残高	82,653	94,328	100,328	90,328	93,328	95,328	

（注１）　再生手続開始の申立ての日以後６月間の資金繰りの見込み（規14条６号）。

（注２）　下の枠は、手形残高を管理するために作成する表である。手形により回収した場合の受取手形は、現金化しない限り資金繰りに使えない。そこで、受取手形を取立てあるいは割り引いて現金化したものについてのみ、上の枠の収入（受手取立）に計上することとし、現金化されていない手形の残高を管理するために、下の表を作成したものである。

書式番号
14
事業計画書

事 業 計 画 書

株式会社○○○○

1　申立人の事業内容について

申立人の事業は、現状において、３つの部門によって構成されている。その売上高および営業利益は平成12年３月決算期において以下のとおりである。

単位：百万円

	売上高	営業利益
①　建設業部門	750	54
②　不動産仲介業部門	56	8
③　文化事業部門	25	△28

このほか、本社管理部門において年間合計87百万円の経費がかかっており、その結果、平成12年３月決算期における損益は、経常損益ベースにおいて41百万円の経常損失を計上している。

2　今後のリストラ策について

申立人については、今後の再生手続において利益を確実に出す企業体質にするため、抜本的なリストラ策の実施が必要である。その具体的内容として、まず、不採算部門となっている文化事業部門を閉鎖することを予定している。文化事業部門は1980年代後半のバブル経済時期における文化事業ブームに乗って開設され、拡大していったが、1990年代のバブル経済破綻による不況下において文化事業ブームも下火となり、1994年以降は営業損失を計上し続けている。なお、文化事業は他の２事業とは独立した事業活動となっていることから、その閉鎖が他の２事業に悪影響を与えることはない。

さらに、存続する２事業においても人員削減をすすめ、経費削減を図ることを予定している。現在、文化事業部門を含め従業員は合計23名となっているが、文化事業部門の閉鎖による従業員６名を含め合計12名の解雇を予定している。以上により、別紙（略）のとおり本社管理部門の経費は年間合計56百万円にまで圧縮することが可能となる。

また、事業活動に必要のない伊豆高原の別荘を早期に売却し、その担保権者に対する有利子負債の返済を行うことを予定している。

3　今後の事業内容について

以上のリストラ策を講じた結果として、平成13年３月決算期以降については、別紙（略）の各売上高、営業利益を計画し、債権者（別除権者及び租税債権者を含む）に対する返済原資として年間約35百万円を予定している。

なお、再生計画認可時に生じる債務免除益（元本の75パーセントカットを求めた再生計画案の場合には、約23億円となる。）に対する税金については、民事再生法に基づく財産評定をした場合に建物や附属設備などにより約20億円の評価損を計上することになり、繰越欠損が５億円あることから、この債務免除益の発生は今後の事業継続の支障とはならないものと考える。

以上

書式番号
15
取締役会議事録

取締役会議事録

平成　　年　　月　　日午　　時　　分より東京千代田区霞が関○丁目○番○号当社本社において、取締役会を開催した。

取締役総数　　　４名
出席取締役総数　４名

以上のとおり出席があり、本会は適法に成立した。

よって代表取締役社長甲野太郎は議長席に着き開会を宣し、下記議案につき審議に入った。

議案　再生手続開始申立の件

議長より、ここ数年の不況等により売上が減少し、昨年度および今年度と多額の営業損失が発生していること、資金繰りが逼迫しており今月末の手形決済資金が手当てできないこと、不良売掛金等の貸倒処理等を行うと債務超過となること、リストラを行えば会社を再建できる見込みであることなどにつき詳細な説明を行い、これらの理由に基づいて、当社としては再生手続開始申立を行うほかない旨提案し、議場に諮ったところ、取締役春山明は反対を表明したが、他の出席取締役は全員賛成したため、この議案は承認可決された。

以上をもって議案の審議を終え、議長は午　　時　　分閉会を宣した。

上記の決議を明確にするため、本議事録を作成し、出席取締役および監査役全員がこれに記名押印する。

平成　　年　　月　　日

株式会社○○○○取締役会
議長
代表取締役　甲野太郎
取締役　春山　明
取締役　夏川　誠
取締役　秋山　進
監査役　冬木　裕

（注１）　再生手続開始の申立権能は、再生債務者自身にあり（法21条１項）、個々の取締役・監査役には申立適格がないと解されている。

（注２）　商法260条２項「其ノ他ノ重要ナル業務執行」として取締役会決議が必要と解される。

書式番号
16
委任状

委　任　状

私は、東京都千代田区霞が関△丁目△番△号　弁護士乙野次郎氏を代理人として、次の事項を委任します。

記

1、株式会社○○○○について、東京地方裁判所に対し、再生手続開始の申立をする件、及び、その取下げをする件

1、上記に関し、保全処分申立、他の手続の中止命令等の申立、包括的禁止命令の申立、及び担保権の実行として競売手続の中止命令の申立をし、並びに、これらの申立の取下を行う件

1、その他上記に関する一切の件

1、復代理人を選任する件

平成　　年　　月　　日

東京都千代田区霞が関○丁目○番○号
株式会社○○○○
代表取締役　甲　野　太　郎　㊞

書式番号 17　予納金の額（監督委員選任型、目安）

民事再生事件の手続費用一覧（平成13・４・１）

1　申立手数料（貼付印紙額）

10,000円

2　予納金基準額

負　債　総　額	予　納　金　額
５千万円未満	200万円
５千万円～　１億円未満	300万円
１億円～　10億円未満	500万円
10億円～　50億円未満	600万円
50億円～　100億円未満	700万円
100億円～　250億円未満	900万円
250億円～　500億円未満	1,000万円
500億円～1,000億円未満	1,200万円
1,000億円以上	1,300万円

＊　関連会社は一社50万円（規模によって増額する場合がある）とし、関連個人は一人25万円とする。

＊　申立時に６割、開始決定後２ヵ月以内に４割の分納予納も認める。残る４割の納付については、２回までの分納を認める。

3　予納郵便切手

430円　10組
80円　10組
10円　10組

合計　5,200円

＊　関連事件については、郵便切手の予納は不要。

東京地方裁判所民事第20部合議係

（注１）　裁判所ごとに異なることがあるので、確認を要する。

書式番号
18
再生手続開始申立取下許可申請

平成12年（再）第○○号

申立人（再生債務者）　○○○○株式会社
申立代理人弁護士　　乙　野　次　郎

再生手続開始申立取下許可申請書

申 請 の 趣 旨

再生債務者が、平成12年（再）第○○号民事再生手続開始申立事件につき、再生手続開始の申立てを取り下げることの許可を求める。

申 請 の 理 由

1　再生債務者は、平成12年○月○日に御庁に再生手続開始の申立てをなし、御庁平成12年（再）第○○号として受理された。更に、同日、弁済禁止等の保全処分決定を得た。
2　しかし、その後、再生債務者は平成12年○月○日に債権者説明会を開催したが、多数の債権者が再生手続を開始することに反対する意見を述べたため、仮に再生手続開始決定がなされたとしても債権者集会において再生計画案が可決される見込みは乏しい状況である。
3　そこで、再生債務者は、再生手続による再建を断念して、破産を申し立てて清算することとした。破産の申立をすることを前提として再生手続開始の申立てを取り下げることについては主要な債権者からの同意も得ている。
4　従って、今回御庁に対して行った再生手続開始の申立てを取り下げることの許可を申請する。

添 付 資 料

1　債権者説明会の議事録　１通

平成12年○月○日

申立代理人弁護士　　乙　野　次　郎

東京地方裁判所民事第20部　御中

（注１）　法32条に基づく申立てである。
（注２）　再生手続開始申立ての取下げは、再生手続開始の決定前に限り行うことができる。

書式番号
19
申立取下のお知らせ

平成12年○月○日

債権者　各位

〒○○○―○○○○
東京都千代田区霞が関○丁目○番○号
申立人（再生債務者）　○○○○株式会社
代表者代表取締役　甲　野　太　郎
〒△△△―△△△△
東京都千代田区霞が関△丁目△番△号
申立代理人弁護士　乙野次郎
電話　03―○○○○―○○○○
FAX　03―○○○○―○○○○

再生手続開始の申立取下げの御報告

拝啓　貴社におかれましては益々ご清栄のこととお慶び申し上げます。

さて、弊社は平成12年○月○日東京地方裁判所に対して、会社再建のため再生手続開始の申立てを致し(平成12年(再)第○号事件)、同日、弁済禁止の保全処分決定が下されました。

しかし、その後開催致しました債権者説明会において、多数の債権者の皆様より再生手続を開始することに反対であるとの厳しい御意見を頂きました。

債権者の皆様からこのような厳しい御意見を頂いたのはひとえに弊社の不徳の致すところと存じます。このような御意見を頂いた以上、弊社としましては誠に残念ながら再生手続による再建を断念せざるを得ないと判断し、平成12年○月○日、再生手続開始の申立を取り下げ致しましたことを御報告いたします。右申立の取下げにより、弁済禁止の仮処分もその効力を失うこととなりました。債権者の皆様には、今回の再生手続開始の申立により多大なご迷惑をお掛けいたしたことを深くお詫び申し上げます。

弊社は、同日、東京地方裁判所に対して破産の申立てを行っており、破産手続により資産及び負債を清算する所存です。今後は、破産管財人による破産手続の速やかな遂行に協力することが債権者の皆様のこれまでの御厚情に報いる唯一の途と考えております。

重ねて、債権者の皆様に深くお詫び申し上げますとともに、再生手続開始の申立を取り下げて破産手続を採りましたことに御理解を賜りたくお願い申し上げます。

敬具

（注１）　再生手続開始の申立取下げについては、法32条参照。

書式番号
20　保全処分申立書

保全処分申立書

〒○○○―○○○○
東京都千代田区霞が関○丁目○番○号
申立人（再生債務者）　○○○○株式会社
代表者代表取締役　甲　野　太　郎
〒△△△―△△△△
東京都千代田区霞が関△丁目△番△号
申立代理人弁護士　乙　野　次　郎
（電話番号　03―○○○○―○○○○）
（FAX番号　03―○○○○―○○○○）

申立ての趣旨

申立人は、下記の行為をしてはならない。

記

平成12年○月○日(注1)までの原因に基づいて生じた債務（次のものを除く）の弁済及び担保の提供

租税その他国税徴収法の例により徴収される債務

申立人とその従業員との雇用関係により生じた債務

申立人の事務所・事業所の賃料、水道光熱費、通信に係る債務

申立人の事務所・事業所の備品等のリース料

平成12年○月○日(注1)において債務総額が金10万円以下の債務

との裁判を求める。

申立ての理由

1　申立人は、本日、御庁に対して、再生手続開始の申立を行った。

2　申立人は、平成12年○月○日、金○○円の手形の決済を予定しているが、その決済資金の手当てができていない。これが不渡りとなれば、事業の再建は困難となる。また、債権者に対し、本件申立前に発生した債務を弁済しなければならないとしたら、申立人はただちに資金繰りに破綻を来してしまう。

3　よって、手続の公正を確保し、債権者全体の利益を守るべく本件申立に及ぶ。

平成12年○月○日

申立代理人弁護士　乙　野　次　郎

東京地方裁判所民事20部御中

（注１）　東京地裁においては申立日の前日とする扱いである。

（注２）　東京地裁においては、債務者申立の場合、原則として弁済禁止・担保提供禁止の保全処分のみを発令し、従前の和議手続において処分禁止の保全処分及び借財禁止の保全処分により規制していた点は監督命令により規制する扱いである。但し、不動産の権利証・登記の委任状等を債権者に徴求され、登記手続きが行われる現実の危険がある場合には、その旨疎明することにより、処分禁止の保全処分の発令を受けられる場合もある。

（注３）　法30条。

（注４）　申立人の業種によっては、弁済等禁止の除外事由について、「申立人の事務所事業所」の他に店舗や倉庫を含める必要がある場合や「リース料」の他に割賦代金を含める必要がある場合も考えられる。なお、申立人が百貨店の場合、申立人が発行した前払式証票（商品券・ギフトカード）の発行または使用によって申立人が負担する債務についても弁済等禁止の除外事由とした例がある。

書式番号 21　保全処分決定（弁済禁止・東京地裁）

平成12年（再）第○○号　民事再生手続開始申立事件

決　　　定

東京都○区○○丁目○○番○号
再生債務者　株式会社○○○
代表者代表取締役　○○○○

主　　　文

再生債務者は、下記の行為をしてはならない。

再生債務者は、平成12年６月１日以降毎月末日締切により、再生債務者の業務及び財産の管理状況についての報告書をその翌月10日までに当裁判所及び監督委員に提出しなければならない。

記

平成12年５月31日までの原因に基づいて生じた債務（次のものを除く）の弁済及び担保の提供

租税その他国税徴収法の例により徴収される債務
再生債務者とその従業員との雇用関係により生じた債務
再生債務者の事業所の賃料、水道光熱費、通信に係る債務
再生債務者の事業所の備品のリース料
10万円以下の債務

平成12年６月１日

東京地方裁判所民事第20部
裁判長裁判官　○○○○
裁判官　○○○○
裁判官　○○○○

上記は正本である。

前同日同庁
裁判所書記官　○○○○

書式番号 22　保全処分決定（弁済禁止・大阪地裁）

平成12年（モ）第○○号（基本事件　平成12年（再）第○号）

決　　　定

大阪府○○市○丁目○○番○号
申立人（再生債務者）　株式会社○○○
代表者代表取締役　　○○○○
申立代理人弁護士　　○○○○

主　　　文

再生債務者は、あらかじめ当裁判所の許可を得た場合を除き、下記の行為をしてはならない。

記

1　平成12年５月１日までの原因に基づいて生じた債務（ただし、租税その他国税徴収法の例により徴収される債務、再生債務者とその従業員との間の雇用関係に基づき生じた債務、水道光熱費、通信に係る債務を除く。）の弁済及びこれに係る担保の提供
2　再生債務者が有する債権について譲渡、担保権の設定その他一切の処分（ただし、再生債務者による取り立てを除く。）
3　金員の借入れ及び手形割引

平成12年○月○日

大阪地方裁判所民事第　　部
裁判長裁判官　　○○○○
裁判官　　○○○○
裁判官　　○○○○

上記は正本である。
前同日同庁
裁判所書記官　　○○○○

書式番号 23　弁済禁止保全処分決定謄本提出先一覧表

弁済禁止保全処分決定謄本提出先一覧表

金融機関名	郵便番号	住　　　所	電話番号	FAX

財務担当者確認印

（注１）　法30条。

（注２）　手形、小切手の支払場所となっている金融機関や口座引き落としがなされる可能性のある金融機関に対して、弁済を禁止するよう求めるため、弁済禁止保全処分決定謄本を直ちに提出する必要があるので一覧表が必要となる。裁判所からも、予めその提出予定先を報告するよう求められる。

書式番号 24　０号不渡りの依頼書

○○銀行○○支店　ご担当　○○　様

平成12年○月○日

〒△△△―△△△△
東京都千代田区霞ヶ関△丁目△番△号
○○○○株式会社
申立代理人弁護士　乙野　次郎
電 話　03―○○○○―○○○○
FAX　03―○○○○―○○○○

弁済禁止手形決済について（０号不渡願い）

拝啓　時下　御清祥の段御喜び申し上げます。

既にご案内のとおり、○○○○株式会社に対して別紙のとおり東京地方裁判所民事20部より平成12年○月○日付で弁済禁止保全決定が発令されております。従いまして、同決定にあるとおり平成12年○月○日までの原因に基づく○○○○株式会社の債務の支払は法的にできませんので、同社口座からの手形決済もできません。そこで、万が一、○○○○株式会社振出・引受の手形小切手が今後貴行へ呈示された場合には、「東京地方裁判所平成12年（　）第○号弁済禁止保全決定のため」との理由により支払を拒絶してください。また、同支払拒絶は倒産法上の保全処分に基づくものでありますので、別紙のとおり、０号不渡として処理されたく、不渡届提出も不要となっております。

宜しくご配慮の程をお願いいたします。

敬具

（別紙省略…東京銀行協会「手形交換所規則の解説」等の資料を添付）

（注１）　法30条。

（注２）　手形、小切手の支払場所になっている金融機関に対して、保全処分により手形・小切手の決裁ができないことと、その場合には０号不渡りの処理を行うよう求める書面である。

書式番号 25　弁済禁止後振出小切手の依頼

〇〇銀行〇〇支店　ご担当　〇〇　様

平成12年〇月〇日

東京都千代田区霞ヶ関△丁目△番△号
〇〇〇〇株式会社
申立代理人弁護士　乙野　次郎
電話　03―〇〇〇〇―〇〇〇〇
FAX　03―〇〇〇〇―〇〇〇〇

弁済禁止後の振出小切手決裁について

拝啓　時下　御清祥の段御喜び申し上げます。

当座預金の決済については、遺漏なきことと思われますが、下記のとおりご処理願いたく存じます。この処理は、①既に送付しております東京地方裁判所平成12年〇月〇日弁済禁止保全決定に基づいて、平成12年〇月〇日までの原因に基づく〇〇〇〇株式会社の債務の支払がなされないことを貴行の事務手続上も確保するとともに、②弁済禁止決定以後の原因に基づく債務の当座勘定の決済についてはこれを円滑に行うために実施されるものであります。

再生手続の円滑な遂行のためご協力をお願いいたします。

敬具

記

① 小切手の取立があった場合、添付小切手例のとおり、「保全命令以降振出分」とのスタンプ印（添付小切手例の場合右肩にスタンプあり。）及び責任者の認印（添付小切手例の場合は、〇〇〇〇株式会社担当の「〇〇」との認印あり。）があるか確認していただきます。

② スタンプ印及び認印のある小切手は、平成12年〇月〇日以降振出分として、通常通り、決済していただいて結構です。なお、念のため、決済前に会社宛（経理担当〇〇、電話03―〇〇〇〇―〇〇〇〇）に個別照会を取っていただくとより安全です。

なお、事前に決済予定の小切手についてはその一覧を〇〇〇〇株式会社から貴行宛にファックスいたします。

③ スタンプ印と認印のない小切手は、平成12年〇月〇日以前の振出分ですので、弁済が禁止されております。したがって、「０号不渡り」として処理していただいて結構です。

以上

（注１）　法30条。
（注２）　手形・小切手の支払場所になっている金融機関に対して、保全処分により保全処分命令発令日までの原因に基づく手形・小切手の支払はできないことと、保全処分命令発令以降の小切手については決済するよう求める書面である。

書式番号 26　保全処分一部解除申立書

平成12年（再）第○○○号

保全処分一部解除申立書

東京都千代田区霞が関○丁目○番○号
申　立　人　株式会社○○○○
代表者代表取締役　甲　野　太　郎

東京都千代田区霞が関△丁目△番△号
申立代理人弁護士　乙　野　次　郎
（電話番号　03—○○○○—○○○○）
（FAX番号　03—○○○○—○○○△）

申立ての趣旨

頭書再生手続申立事件について御庁が発令された平成12年（　）第○号事件の平成12年○月○日付保全処分決定のうち、別紙物件目録記載１の不動産についてなされた保全処分を解除することを求める。

申立ての理由

1　△△株式会社から申立人に対する再生手続開始の申立に伴い、平成12年○月○日、別紙物件目録記載１の不動産（以下「本件不動産」という。）について処分禁止の保全処分命令が発令されている。
2　本件不動産は、遊休資産であるが、○○市から現在金１億円で買い受け申し出があり、すでに監督委員の同意を得て、売買契約を締結している。○○市は、今月中に引渡を受けられない限り、本件不動産を購入しないと表明している。本件不動産は、○○市以外に買い手を捜すのは困難である。

3　本件不動産には、A銀行のために、極度額１億2000万円の根抵当権が設定されている。本件不動産の売却代金は、すべてA銀行への弁済にあてなければならないが、この弁済により、本社工場に設定されたA銀行の担保権について、担保実行を回避することができる。

4　以上から、本件不動産をすみやかに売却する必要があるので、この申立に及ぶ。

添　付　資　料

1　保全処分命令　　　　　１通
2　監督委員の同意書　　　１通

平成12年○月○日

申立代理人弁護士　乙　野　次　郎

東京地方裁判所民事第20部　御中

（注１）　保全処分は、再生手続開始の申立につき決定があるまで効力を有する命令である（法30条１項）。

（注２）　債権者申立の再生手続において、不動産の処分禁止の保全処分が発令されている場合を想定している。

書式番号
27
中止命令の申立書

平成12年（再）第○号

強制執行の中止命令申立書

当　事　者　別紙当事者目録記載のとおり（略）
目的不動産　別紙物件目録記載のとおり（略）

申立ての趣旨

相手方を債権者、申立人を債務者とする前記目的不動産に対する○○地方裁判所平成○年（ヌ）第○○号不動産強制競売申立事件の手続はこれを中止する

との裁判を求める。

申立ての理由

1　申立人は、平成12年○月○日、御庁に対して再生手続開始の申立を行い、同日、債務弁済禁止等保全処分決定を受けて、現在、再生計画を策定中である。
2　申立人は、前記目的不動産を所有しているが（甲１及び２）、相手方は、前記目的不動産について、平成○年○月○日強制競売の申立をなし、同事件は○○地方裁判所平成○年（ヌ）第○○号として係属し（以下、本件競売事件という。）、同年○月○日開始決定がなされ（甲３）、入札期日が平成○年○月○日に迫っている（甲４）。
3　前記目的不動産は、申立人の主力建設機械を保管する倉庫、資材置場、関東方面における営業所権従業員宿舎として用いられており、申立人の事業の継続にとって欠くことのできないものである（甲５及び６）。もし、前記目的不動産が本件競売事件によって売却されてしまうと、前記目的不動産が果たしている機能をすべて他の場所へ移転する必要が発生する。その場合、申立人所有不動産及び賃借不動産中には、上記機能を満足させるに足りる施設が存在していないため、面積・位置・土地の資質等を満足する新たな適合不動産を購入または賃借しなければならない。しかし、申立人の主力建設機械が一機数十トン程

度に達するため、新規賃借物件についても前記目的不動産と同様に、土地地盤を深さ数メートルにわたって地盤改造する必要があるところ、そのような土地の改造要請を受け入れる地主を発見することは著しく困難であるし、さればといって、申立人に新規適合不動産を購入するために必要な新規資金ないし信用は現在のところ存在しない。

従って、このまま前記不動産について本件競売事件が進行すると、申立人の事業継続は著しく困難となり、再建不能の事態をも招来しかねないものである。

4　また、本再生手続開始の申立てについては、既に予納金は全額納められ、他に申立を棄却すべき事情はなく、再生手続開始の決定がなされる蓋然性が高いところ、本件競売事件を中止しても、相手方は十分な資力を有している銀行であり再生手続下での適正な弁済を受けることが期待できるのであるから、相手方に対して、不当な損害を及ぼすおそれは存在しない。

5　よって、申立人は、民事再生法26条１項２号に基づき、本件競売事件手続の中止命令を求めて、本申立を行う。

証　拠　書　類

甲１	建物登記簿謄本	１通
甲２	土地登記簿謄本	１通
甲３	不動産競売開始決定	１通
甲４	売却実施命令	１通
甲５	写真撮影報告書	１通
甲６	陳述書	１通

平成12年○月○日

申立代理人弁護士　乙　野　次　郎

東京地方裁判所民事20部御中

書式番号 28　包括的禁止命令の申立書

平成12年（再）第○号

強制執行等の包括的禁止命令申立書

当　事　者　別紙当事者目録記載のとおり（略）

1　申立ての趣旨

再生債務者の財産に対する下記債権に基づく強制執行、仮差押えもしくは仮処分または下記債権を被担保債権とする留置権（商法に規定によるものを除く。）による競売の手続は、これを禁止する。

記

再生債務者に対し平成12年○月○日以前の原因により生じた債権。ただし、国税徴収法の例により徴収する債権および再生債務者とその従業員との雇用関係により生じた債権を除く。

との裁判を求める。

2　申立ての理由

⑴　申立人（再生債務者）は、平成12年○月○日、監督命令およびその所有するすべての不動産についての処分禁止の保全処分（平成12年（　）第○号）を受けた。

⑵　申立人が今後営業を継続するにあたり、１か月あたり金○○○円が必要となるが、この営業資金は、別紙資金繰りのとおりこれまで納めた製品の売掛金からあてる計画である。

⑶　ところが、債権者○丸株式会社らは、申立人の売掛金の一部に対し仮差押えを行ってきており、かかる仮差押えの一部については既に法26条１項に基づく中止命令を受けたが、債権者○丸株式会社らは、今後も他の売掛金に対して仮差押えを行ってくる危険性

が高い。

また、売掛金に対して仮差押えの命令の通知が届いた場合、再生債務者としては中止命令の発令を受けたことを説明するなど信用の回復に努める必要があるが、第三債務者となる売掛先は全国に点在するため個別の中止命令によっては第三債務者に対する信用回復措置が遅れ、再建の目的を達することができない事態を招くおそれがある。

⑷　以上から、現在仮差押えをされている売掛金について仮差押えを中止し、また、再生手続開始決定があるまでの間、他の売掛金について仮差押え等がなされることがないように強制執行等の包括的禁止命令の発令を求める。

添　付　書　類（略）

平成　　年　　月　　日

申立人代理人弁護士　乙　野　次　郎

東京地方裁判所民事20部御中

（注１）　法27条ないし29条。

（注２）　包括的禁止命令は、再生手続開始の申立につき決定があるまでの間において効力を有する（法27条１項）。

（注３）　法26条１項の規定による中止命令によっては再生手続の目的を十分に達成することができないおそれがあると認めるべき特別の事情の存在が包括的禁止命令発令の要件とされているが（法27条１項）、東京地裁においては申立ての15日後に開始申立についての決定がされるため、通常は包括的禁止命令を発する必要性がないものとされている。

書式番号 29　破産手続の中止命令申立書

平成12年（再）第○○号　民事再生手続開始申立事件

〒○○○―○○○○　東京都千代田区霞が関○丁目○番○号
申立人（再生債務者）　○○○○株式会社
代表者代表取締役　甲　野　太　郎
〒△△△―△△△△　東京都千代田区霞が関○丁目○番○号
申立代理人弁護士　乙　野　次　郎
電話　03―○○○○―○○○○
FAX　03―○○○○―○○○○
〒×××―××××　東京都千代田区霞が関×丁目×番×号
相　　手　　方　××××株式会社
代表者代表取締役　丙　野　三　郎

破産手続の中止命令申立書

申 立 の 趣 旨

申立人○○○○株式会社について東京地方裁判所平成12年（フ）第○○号破産申立事件の破産手続を、御庁平成12年（再）第○○号民事再生手続開始申立事件の申し立てにつき決定があるまでの間、中止する
との決定を求める（注1）。

申 立 の 理 由

1　申立人は、平成12年○月○日、御庁に対して民事再生手続開始の申立をなし（平成12年（再）第○○号民事再生手続開始申立事件）、現在御庁において右申立について審理中である。
2　相手方は、平成12年○月○日、申立人に対し破産の申立をなし（御庁平成12年（フ）第○○号破産申立事件。以下、「本破産手続」という。）、現在御庁において右申立について審理中である。

3　申立人が再生手続開始申立書に記載したように、申立人については民事再生手続によって再建することが十分に可能であり、再生手続によって申立人を再建した場合には破産手続によって申立人を清算する場合に比べて債権者に対してより多くの弁済を行うことができる見込みである。

ところが、申立人について再生手続開始決定がなされる前に破産宣告がなされると、申立人を再建することは不可能となり、引いては債権者の利益を損なうこととなる。

他方、申立人については平成12年○月○日弁済禁止等の保全処分決定がなされており、申立人の資産が減少するおそれはないので、申立人の資産が散逸・減少するのを防ぐために申立人について直ちに破産を宣告する必要はない。

4　よって、申立人は、民事再生法第26条１項１号に基づき、本件破産手続の中止を求めて、本申立を行う。

以上

添　付　書　類

1　破産宣告申立書（写し）　１通

平成12年○月○日

申立代理人弁護士　乙　野　次　郎

東京地方裁判所民事第20部　御中

（注１）　法第26条１項１号に基づく申立である。

書式番号 30　比較貸借対照表

比較貸借対照表

（単位：千円）

	第49期 Ｈ８年５月期	第50期 Ｈ９年５月期	第51期 Ｈ10年５月期	第52期／期中 Ｈ11年３月末
流動資産	1,066,614	1,403,826	1,676,814	980,191
現金・預金	426,883	493,914	379,560	153,271
受取手形	146,179	143,322	160,321	53,387
完成工事未収金	266,489	262,561	206,602	73,548
未成工事支出金	163,331	477,463	875,688	671,154
材料・貯蔵品	407	579	374	366
その他	63,325	25,987	54,269	28,465
固定資産	440,849	508,261	492,093	336,475
土地建物	194,552	288,253	282,514	199,657
設備資産	124,415	107,553	97,184	96,666
建物仮勘定	34,912	34,882	34,726	34,226
無形固定資産	1,235	1,266	1,362	1,335
投資等	85,735	76,307	76,307	4,591
繰延資産	121,467	119,193	118,912	118,912
繰延資産	121,467	119,193	118,912	118,912
資産の部合計	1,628,930	2,031,280	2,287,819	1,435,578
流動負債	914,164	726,445	863,289	982,674
支払手形	236,473	251,121	317,521	357,078
工事未払い金	23,526	3,614	5,974	19,964
短期借入金	256,800	286,800	354,000	466,532
未成工事受入金	390,733	178,075	179,262	132,567
その他	6,632	6,835	6,532	6,533
固定負債	330,300	360,300	380,300	430,300
長期借入金	324,300	354,300	375,300	425,300
その他固定負債	6,000	6,000	5,000	5,000
負債の部合計	1,244,464	1,086,745	1,243,589	1,412,974
資本金	45,000	45,000	45,000	45,000
利益準備金	7,500	7,500	7,500	7,500
剰余金	331,966	892,035	991,730	▲ 29,896
資本の部合計	384,466	944,535	1,044,230	22,604

（注１）裁判所への提出、債権者への提出、内部検討資料として適宜使用することができる書面である。

書式番号
31
比較損益計算書

比較損益計算書

（単位：千円）

摘要	摘要内訳	H10年3月期	H11年3月期	H12年3月期
売上高				
	完成工事高	1,119,140	1,007,226	906,503
	兼業事業売上高	58,040	52,236	47,012
	（合計）	1,177,180	1,059,462	953,515
売上原価				
	完成工事原価	993,753	894,377	804,941
	材料費	162,179	145,961	131,365
	労務費	90,897	81,807	73,627
	外注費	589,617	530,655	477,590
	経　費	151,060	135,954	122,359
	兼業事業売上原価	42,404	38,164	34,347
	（合計）	1,036,157	932,541	839,288
	完成工事総利益	125,387	112,849	101,562
	兼業事業総利益	15,636	14,072	12,665
売上総利益		141,023	126,921	114,227
販売費及び一般管理費		143,436	143,416	143,416
営業利益		▲ 2,413	▲ 16,495	▲ 29,189
営業外収益				
	受取利息配当金	10	10	10
	その他営業外収益	10	10	10
	（合計）	20	20	20
営業外費用（支払利息）		15,910	15,910	15,910
経常利益		▲ 18,303	▲ 32,385	▲ 45,079
特別利益		0	0	0
特別損失		0	0	0
税引前利益		▲ 18,303	▲ 32,385	▲ 45,079
法人税・住民税		530	530	530
当期利益		▲ 18,833	▲ 32,915	▲ 45,609
前期繰越利益		▲ 50,000	▲ 68,833	▲ 101,748
当期未処分利益		▲ 68,833	▲ 101,748	▲ 147,357

（注１）裁判所への提出、債権者への提出、内部検討資料として適宜使用することができる書面である。

書式番号 32　担保評価・担保設定状況一覧表

不動産・有価証券の担保設定状況および評価一覧表

（単位：千円）

<table>
<tr><th>担保提供資産</th><th>現　況</th><th>簿　価</th><th>時　価</th><th colspan="2">担保設定状況</th><th>過不足</th><th>備考</th></tr>
<tr><td colspan="8">（処分予定）</td></tr>
<tr><td>○○市○○町△番地土地建物</td><td>賃貸中</td><td>123,026</td><td>92,440</td><td>Ａ銀行 100,000</td><td></td><td>△ 7,560</td><td></td></tr>
<tr><td>○○市○○町×番地土地</td><td>遊休地</td><td>85,362</td><td>639,095</td><td rowspan="2">Ｂ銀行 200,000</td><td rowspan="2">Ａ銀行 300,000</td><td rowspan="2">142,621</td><td rowspan="2">共担</td></tr>
<tr><td>○○市○○町△番地土地</td><td>遊休地</td><td>2,365</td><td>3,526</td></tr>
<tr><td colspan="8">（保有予定）</td></tr>
<tr><td>○○市○○町○番地ほかの工場の土地建物</td><td>主力工場</td><td>52,603</td><td>103,305</td><td>Ａ銀行 200,000</td><td></td><td>△96,695</td><td>工場財団</td></tr>
<tr><td colspan="8">（株式）</td></tr>
<tr><td>××株式会社株式50000株</td><td>Ａ銀行に差入れ</td><td>36,200</td><td>50,000</td><td>Ａ銀行 50,000</td><td></td><td>△10,700</td><td></td></tr>
</table>

（注１）裁判所への提出、債権者への提出、内部検討資料として適宜使用することができる書面である。

書式番号 33　金融債権と預金・担保の関係表

金融債権と預金・担保の関係表

（単位：千円）

	債務			預金				担保カバー額				
銀行名	借入金	割引残高	債務合計	当座預金	普通預金	定期預金	預金合計	不動産	取立手形	担保合計	不足額・剰余額	不足計・剰余額
A銀行・大手町	966,230	111,321	1,077,551	16,626	2,088	993	19,707	172,000	58,265	230,265	▲827,579	
B銀行・日本橋	123,568	53,268	176,836	10,904	602	2,800	14,306	5,000	2,586	7,586	▲154,944	▲982,523
C銀行・東京	0	0	0	0	393,359	0	393,359	393,359	0	0	393,359	
D銀行・姫路	0	0	0	0	2,244	0	2,244	2,244	0	0	2,244	395,603
合計	1,089,798	164,589	1,254,387	27,530	398,293	3,793	429,616	429,616	60,851	237,851	▲586,920	

（＊下段に続く）

（注1）裁判所への提出、債権者への提出、内部検討資料として適宜使用することができる書面である。

書式番号 34　破産配当の試算表

○○○○株式会社　破産配当率計算表　　単位：千円

資産合計(①)		527,156	←清算BSの資産合計
別除権対象資産(②)	158,629		←清算BSの土地建物価額
優先債権弁済額(③)	250,000	408,629	(④)←②+③
一般債権引当財産(⑤)		118,528	←①−④

負債合計(⑥)		2,423,607	←清算BSの負債合計
別除権対象負債(②’)	158,629		←②
優先債権(③’←③)	250,000	408,629	(⑦)←②’+③
一般債権(⑧)		2,014,978	←⑥−⑦

一般破産配当率		5.9%	←⑤÷⑧

＊　土地建物は全て担保に供されており、担保割れしていると仮定した。
＊　優先債権は清算BSの未払税金と従業員退職引当金の合計額とした。

参考　○○○○株式会社　再生計画上の債務分類表

負債合計(①)		1,673,607	←修正BSの負債合計
別除権対象負債(②)		158,629	←清算BSの土地建物価額（別除権対象負債）
(内訳)売却による弁済額	110,000		(③)←任意売却物件の実際売却予想額
収益弁済対象額	48,629		(④)←②−③
差引(⑤)		1,514,978	←①−②
優先債権(⑥)		150,000	
一般債権		1,364,978	←⑤−⑥

（注１）裁判所への提出、債権者への提出、内部検討資料として適宜使用することができる書面である。
（注２）書式35参照。

書式番号
35
修正・清算貸借対照表

修正・清算

	科　目　名	通常BS（①）	修正金額(①→②)	修正理由(①→②)
流動資産	現金・当座預金	305,577	▲ 250,000	相殺
	受取手形	78,369	0	
	完成工事未収金	217,894	▲ 60,000	過剰計上
	未完成工事支出金	248,196	0	
	材料・貯蔵品	11,895	0	
	その他流動資産	168,444	0	
	流動資産　計	1,030,375	▲ 310,000	
固定資産	土地・建物	237,943	0	
	設備資産	61,418	0	
	建設仮勘定	2,632	0	
	無形固定資産	4,457	0	
	投資等	88,102	▲ 40,000	回収不能
	固定資産　計	394,552	▲ 40,000	
繰延資産		1,259	0	
	資産　合計	1,426,186	▲ 350,000	

	科　目　名	通常BS（①）	修正金額(①→②)	修正理由(①→②)
流動負債	支払手形	167,345	0	
	裏書手形		300,000	債務性あり
	工事未払い金	152,371	0	
	短期借入金	220,400	▲ 100,000	
	未完成工事受入金	218,435	0	
	その他流動負債	84,534	0	
	違約金	0	0	
	未払税金	0	50,000	認識
	従業員退職引当金	0	100,000	従業員一部解雇
	流動負債　計	843,085	350,000	
固定負債	長期借入金	203,846	▲ 150,000	
	その他固定負債	26,676	0	
	保証債務	0	400,000	保証債務計上
	固定負債　計	230,522	250,000	
	負債　合計	1,073,607	600,000	
資本金等		352,579	▲ 950,000	
資本・負債合計		1,426,186	▲ 350,000	

貸借対照表

単位：千円
平成12年○月○日

修正BS（②）	修正金額（②→③）	修正理由（②→③）	清算BS（③）
55,577	0		55,577
78,369	0		78,369
157,894	▲ 100,000	補修違約	57,894
248,196	▲ 248,196	価値なし	0
11,895	▲ 5,948	半値	5,948
168,444	▲ 84,222	半値	84,222
720,375	▲ 438,366		282,010
237,943	▲ 79,314	処分値は３分の２	158,629
61,418	▲ 20,743	処分値は３分の２	40,945
2,632	▲ 877	処分値は３分の２	1,755
4,457	0		4,457
48,102	▲ 10,000	回収損	38,102
354,552	▲ 110,664		243,888
1,259	0		1,259
1,076,186	▲ 549,030		527,156

修正BS（②）	修正金額（②→③）	修正理由（②→③）	清算BS（③）
167,345	0		167,345
300,000	0		300,000
152,371	0		152,371
120,400	100,000		220,400
218,435	0		218,435
84,534	0		84,534
0	400,000	事業停止により現実化	400,000
50,000	0		50,000
100,000	100,000	従業員解雇による不足分	200,000
1,193,085	600,000		1,793,085
53,848	150,000		203,846
26,676	0		26,676
400,000	0		400,000
480,522	150,000		630,522
1,673,607	750,000		2,423,607
▲ 597,421	▲ 1,299,030		▲ 1,896,451
1,078,186	▲ 549,030		527,156

書式番号
36

利益計画

○○○○株式会社　利益計画

摘　　要	摘　要　内　訳	実績期				
		H10/３期（第20期）		H11/３期（第21期）		
		金　額	売上比率	金　額	売上比率	前期伸率
売上高						
	完成工事高	1,119,140	95.1%	1,007,226	95.1%	90.0%
	兼業事業売上高	58,040	4.9%	52,236	4.9%	90.0%
	（合計）	1,177,180	100.0%	1,059,462	100.0%	90.0%
売上原価						
	完成工事原価	993,753	84.4%	894,378	84.4%	90.0%
	材料費	162,179	13.8%	145,961	13.8%	90.0%
	労務費	90,897	7.7%	81,807	7.7%	90.0%
	外注費	589,617	50.1%	530,655	50.1%	90.0%
	経費	151,060	12.8%	135,954	12.8%	90.0%
	兼業事業売上原価	42,404	3.6%	38,164	3.6%	90.0%
	（合計）	1,036,157	88.0%	932,541	88.0%	90.0%
売上総利益						
	完成工事総利益	125,387	10.7%	112.848	10.7%	90.0%
	兼業事業総利益	15,636	1.3%	14,072	1.3%	90.0%
	（合計）	141,023	12.0%	126.921	12.0%	90.0%
販売及び一般管理費						
	（合計）	143,436	12.2%	143,416	13.5%	100.0%
営業利益						
		▲ 2,413	−0.2%	▲ 16,495	−1.6%	683.6%
営業外収益						
	受取利息配当金	10	0.0%	10	0.0%	100.0%
	その他営業外収益	10	0.0%	10	0.0%	100.0%
	（合計）	20	0.0%	20	0.0%	100.0%
営業外費用						
	支払利息	15,910	1.4%	15,910	1.5%	100.0%
	その他営業外費用	10	0.0%	10	0.0%	100.0%
	（合計）	15,920	1.4%	15,920	1.5%	100.0%
経常利益						
		▲ 18,313	−1.6%	▲ 32,395	−3.1%	176.9%
特別利益						
	前期損益修正益	0		0		
	その他特別利益	0		0		
	（合計）	0		0		
特別損失						
	前期損益修正損	0		0		
	その他特別損失	0		0		
	（合計）	0		0		
税引前当期利益						
		▲ 18,313		▲ 32,395		
	加算	0		0		
	減算	0		0		
	課税所得仮計	▲ 18,313		▲ 32,395		
	繰越欠損金控除	0		0		
課税所得						
		▲ 18,313		▲ 32,395		
法人税及び住民税						
	法人税	0		0		
	法人住民税	0		0		
	（法人税等合計）	0		0		
当期利益（税引後）		▲ 18,313		▲ 32,395		
前期繰越利益（損失）		▲ 50,000		▲ 68,313		
配当		0		0		
当期未処分利益		▲ 68,313		▲100,708		

間											
H12/３期（第22期）			H13/３期（第23期）			H14/３期（第24期）			H14/３期（第25期）		
金　額	売上比率	前期伸率	金　額	売上比率	前期伸率	金　額	売上比率	前期伸率	金　額	売上比率	前期伸率
906,503	95.1%	90.0%	453,252	95.1%	50.0%	543,902	95.1%	120.0%	598,292	95.1%	110.0%
47,012	4.9%	90.0%	23,506	4.9%	50.0%	28.207	4.9%	120.0%	31,028	4.9%	110.0%
953,516	100.0%	90.0%	476,758	100.0%	50.0%	572,109	100.0%	120.0%	629,320	100.0%	110.0%
804,940	84.4%	90.0%	321,976	67.5%	40.0%	386,371	67.5%	120.0%	425,008	67.5%	110.0%
131,365	13.8%	90.0%	52,546	11.0%	40.0%	63,055	11.0%	120.0%	69,361	11.0%	110.0%
73,627	7.7%	90.0%	29,451	6.2%	40.0%	35,341	6.2%	120.0%	38,875	6.2%	110.0%
477,590	50.1%	90.0%	191,036	40.1%	40.0%	229,243	40.1%	120.0%	252,167	40.1%	110.0%
122,359	12.8%	90.0%	48,943	10.3%	40.0%	58,732	10.3%	120.0%	64,605	10.3%	110.0%
34,347	3.6%	90.0%	13,739	2.9%	40.0%	16,487	2.9%	120.0%	18,135	2.9%	110.0%
839,287	88.0%	90.0%	335,715	70.4%	40.0%	402,858	70.4%	120.0%	443,144	70.4%	110.0%
101,563	10.7%	90.0%	131,276	27.5%	129.3%	157,531	27.5%	120.0%	173,284	2.5%	110.0%
12,665	1.3%	90.0%	9,767	2.0%	77.1%	11,721	2.0%	120.0%	12,893	2.0%	110.0%
114,229	12.0%	90.0%	141,043	29.6%	123.5%	169,252	29.6%	120.0%	186,177	29.6%	110.0%
143,416	15.0%	100.0%	79,439	16.7%	55.4%	79,439	13.9%	100.0%	79,439	12.5%	100.0%
▲ 29,187	−3.1%	176.9%	61,604	12.9%	−211.1%	89,813	15.7%	145.8%	106,738	17.0%	118.8%
10	0.0%	100.0%	10	0.0%	100.0%	0	0.0%	0.0%	0	0.0%	—
10	0.0%	100.0%	10	0.0%	100.0%	10	0.0%	100.0%	10	0.0%	100.0%
20	0.0%	100.0%	20	0.0%	100.0%	10	0.0%	50.0%	10	0.0%	100.0%
15,910	1.7%	100.0%	0	0.0%	0.0%	0	0.0%	—	0	0.0%	—
10	0.0%	100.0%	10	0.0%	100.0%	10	0.0%	100.0%	10	0.0%	100.0%
15,920	1.7%	100.0%	10	0.0%	0.1%	10	0.0%	100.0%	10	0.0%	100.0%
▲ 45,087	−4.7%	139.2%	61,614	12.9%	−136.7%	89,813	15.7%	145.8%	106,738	17.0%	118.8%
0			0			0			0		
0			0			0			0		
0			0			0			0		
0			0			0			0		
0			350,000			50,000			0		
0			350,000			50,000			0		
▲ 45,087			▲288,386			39,813			106,738		
0			0			0			0		
0			0			0			0		
▲ 45,087			▲288,386			39,813			106,738		
0			0			39,813			106,738		
▲ 45,087			▲288,386			▲　0			▲　0		
0			0			0			0		
0			0			0			0		
0			0			0			0		
▲ 45,087			▲288,386			39,813			106,738		
▲100,708			▲145,796			▲434,182			▲394,369		
0									0		
▲145,796			▲434,182			▲394,369			▲287,631		

単位：千円

H15/３期（第26期）			H16/３期（第27期）			H17/３期（第28期）			H18/３期（第29期）		
金　額	売上比率	前期伸率	金　額	売上比率	前期伸率	金　額	売上比率	前期伸率	金　額	売上比率	前期伸率
858,121	95.1%	110.0%	723,934	95.1%	110.0%	796,327	95.1%	110.0%	875,960	95.1%	110.0%
34,131	4.9%	110.0%	37,544	4.9%	110.0%	41,299	4.9%	110.0%	45.428	4.9%	110.0%
892,252	100.0%	110.0%	761,478	100.0%	110.0%	837,625	100.0%	110.0%	921,388	100.0%	110.0%
467,509	57.5%	110.0%	514,260	67.5%	110.0%	565,686	67.5%	110.0%	622,255	67.5%	110.0%
76,297	11.0%	110.0%	83,926	11.0%	110.0%	92,319	11.0%	110.0%	101,551	11.0%	110.0%
42,762	6.2%	110.0%	47,038	6.2%	110.0%	51,742	6.2%	110.0%	58,917	6.2%	110.0%
277,384	40.1%	110.0%	305,123	40.1%	110.0%	335,635	40.1%	110.0%	369,198	40.1%	110.0%
71,066	10.3%	110.0%	78,172	10.3%	110.0%	85,990	10.3%	110.0%	94,589	10.3%	110.0%
19,949	2.9%	110.0%	21,944	2.9%	110.0%	24,138	2.9%	110.0%	26,552	2.9%	110.0%
487,458	70.4%	110.0%	536,204	70.4%	110.0%	589,824	70.4%	110.0%	648,807	70.4%	110.0%
190,612	27.5%	110.0%	209,674	27.5%	110.0%	230,641	27.5%	110.0%	253.705	27.5%	110.0%
14,182	2.0%	110.0%	15,600	2.0%	110.0%	17,160	2.0%	110.0%	18,876	2.0%	110.0%
204,794	29.8%	110.0%	226,274	29.8%	110.0%	247,801	29.8%	110.0%	272,581	29.8%	110.0%
78,439	11.5%	100.0%	79,439	10.4%	100.0%	79,438	9.5%	100.0%	79,581	8.6%	100.2%
125,355	18.1%	117.4%	145,835	19.2%	116.3%	168,362	20.1%	115.4%	193,021	20.9%	114.6%
0	0.0%	—	0	0.0%	—	0	0.0%	—	0	0.0%	—
10	0.0%	100.0%	10	0.0%	100.0%	10	0.0%	100.0%	10	0.0%	100.0%
10	0.0%	100.0%	10	0.0%	100.0%	10	0.0%	100.0%	10	0.0%	100.0%
0	0.0%	—	0	0.0%	—	0	0.0%	—	0	0.0%	—
10	0.0%	100.0%	10	0.0%	100.0%	10	0.0%	100.0%	10	0.0%	100.0%
10	0.0%	100.0%	10	0.0%	100.0%	10	0.0%	100.0%	10	0.0%	100.0%
125,355	18.1%	117.4%	145,835	19.2%	116.3%	168,362	20.1%	115.4%	193,021	20.9%	114.6%
0			0			0			0		
0			0			750,738			0		
0			0			750,738			0		
0			0			0			0		
0			0			0			0		
0			0			0			0		
125,355			145,835			919,100			193,021		
0			0			0			0		
0			0			0			0		
125,355			145,835			919,100			193,021		
125,355			127,275			0			0		
0			18,560			919,100			193,021		
0			6,403			317,090			66,592		
0			0			1,108			54,857		
0			6,403			318,197			121,449		
125,355			139,432			600,903			71,572		
▲287,631			▲162,276			▲ 22,644			554,059		
0			0			24,000			24,000		
▲162,276			▲ 22,644			554,059			601,631		

(注１)　建設会社を設例の前提として仮定した。
(注２)　科目名及び配列は、建設業法施行規則様式16号を参考にした。
(注３)　完成工事高及び兼業売上高は、中小企業庁編「中小企業の原価指標（平成９年度)」の43頁の建設業総平均額（欠損企業）を用いた。
(注４)　完成工事原価内訳は、上記「中小企業の原価指標」を用いた。
(注５)　販売費及び一般管理費合計並びに支払利息は、上記「中小企業の原価指標」の各費目を用いたものを加算した（存在しないものは、10千円とした。)。
(注６)　実績値については、平成10年３月以降は、売上高及び売上原価を対前年比90％とし、その余の費用を前年どおりとした。
(注７)　法人税率については、平成９年度は37.5％、それ以降は34.5％とした（課税標準は課税所得)。
(注８)　法人住民税率については、17.3％とした（課税標準は前年度法人税額）
(注９)　事業税率については11.0％とした（課税標準は前年度法人所得＝課税所得）
(注10)　当期利益（税引後）については、課税所得から、法人税及び住民税額合計を控除したものとした。
(注11)　受取利息は、有価証券を売却後の計画２年度以降は発生しないものとした。
(注12)　実績初年度繰越損失額は、５年前からの累計額と同額とした。
(注13)　前期繰越利益（損失）については、準備金取崩等による解消がないものとした。
(注14)　23期に不動産売却による特別損失を5000万円計上し、24期に他の不動産売却による特別損失を5000万円計上することとした。
(注15)　23期に再生手続申請に伴う資産再評価による特別損失として３億円を計上した。
(注16)　裁判所への提出、債権者への提出、内部検討資料として適宜使用することができる書面である。

書式番号
37
弁済計画

○○○○株式会社　弁済計画表

		H13/３期（第23期）	H14/３期（第24期）	H14/３期（第25期）
経常収支	経常利益	61,614	89,813	106,738
	売上原価（固定費調整）	0	0	0
	減価償却費の引戻し	6,604	6,604	6,604
	償却前経常収支（①）	68,218	96,417	113,342
特別損益等収支	不動産売却収入	110,000	0	0
	特別収入（小計）	110,000	0	0
	事業整理支出	0	0	0
	法人税等	530	530	530
	特別支出（小計）	530	530	530
	特別損益等収支差額（②）	109,470	▲　530	▲　530
差引収支差額（③←①－②）		177,688	95,887	112,812
設備投資	更新投資	1,000	1,000	1,000
	新規投資	0	0	0
	設備投資小計（④）	1,000	1,000	1,000
設備投資後収支差額（⑤←③－④）		176,688	94,887	111,812
増資資金調達		0	600,000	0
借入収支前収支差額		176,688	694,887	111,812
借入金等	新規借入金	0	1,000	1,000
	新規借入返済分	0	1,000	1,000
	従来返済分（担保部分）	134,314	24,314	0
	従来返済分（優先部分）	30,000	30,000	30,000
	従来返済分（一般部分）		109,198	109,198
	借入金等収支差額	▲164,314	▲133,513	▲109,198
その他収支	税金	0	0	0
	配当	0	0	0
	その他収支差額	0	0	0
総合収支差額		12,374	561,374	2,614
前期繰越資金		55,577	67,951	629,325
次期繰越資金		67,951	629,325	631,938

＊　６億円の増資を実行する。
＊　担保不動産を23期に１億1000万円で売却して担保権者への弁済に宛てる。
＊　担保物権のうち、継続使用物件については、その評価額を23期と24期とで分割して利益から返済する。
＊　優先債権について５年分割により利益から返済する。

（注１）　裁判所への提出、債権者への提出、内部検討資料として適宜使用することができる書面である。

H15/3期（第26期）	H16/3期（第27期）	H17/3期（第28期）	H18/3期（第29期）
125,355	145,835	168,362	193,021
0	0	0	0
6,604	6,604	6,604	6,604
131,959	152,439	174,966	199,625
0	0	0	0
0	0	0	0
0	0	0	0
530	6,933	318,727	122,100
530	6,933	318,727	122,100
▲ 530	▲ 6,933	▲318,727	▲122,100
131,429	145,506	▲143,761	77,524
1,000	1,000	1,000	1,000
0	0	0	0
1,000	1,000	1,000	1,000
130,429	144,506	▲144,761	76,524
0	0	0	0
130,429	144,506	▲144,761	76,524
1,000	1,000	1,000	1,000
1,000	1,000	1,000	1,000
0	0	0	0
80,000	30,000		
109,198	109,198	109,198	
▲109,198	▲109,198	▲109,198	0
0	6,403	318,197	121,449
0	0	24,000	24,000
▲ 0	▲ 6,403	▲342,197	▲145,449
21,231	28,904	▲596,157	▲ 68,924
631,938	653,169	682,073	85,917
653,169	682,073	85,917	16,992

書式番号
38
債権者に対する通知と債権者説明会の案内

平成12年○月○日

債権者各位

〒○○○—○○○
東京都千代田区霞ヶ関○丁目○番○号
申立人（再生債務者）○○○株式会社
代表者代表取締役　甲野　太郎
〒△△△—△△△△
東京都千代田区霞ヶ関△丁目△番△号
申立代理人弁護士　乙野　次郎
電話　03—○○○○—○○○○
FAX　03—○○○○—○○○○

再生手続申立経緯等に関する説明会御案内

謹啓　　貴社益々ご清祥のこととお慶び申し上げます。

弊社は、昭和○○年○月○日に設立以来、皆様方の暖かい御支援の下に、業務を展開してまいりました。しかし、工事受注のため先行取得した不動産の急激な価値下落により、多額の借入金と保証債務を抱える結果となり、慢性的な金利の支払い等の増大から、資金繰的にも窮地に陥ることとなりました。

そこで、取引金融機関に対し金利の減免と債権の放棄を要請すると共に、関係先皆様の御支援を頂きながら、抜本的なリストラ、取得不動産及び保有株の売却を勧め、本業収益の向上による経営の建て直しを図るべく努めて参りましたが、株式市場・不動産市況の停滞、弊社自体に対する信用不安等により、平成○○年○月○日付け手形の決算資金調達が困難となるに至りました。

このまま、現状を放置すれば、債権者の皆様に対し多大な御迷惑をお掛けすることは必至でありましたので、やむを得ず、再生手続の申立をなし、裁判所の行う再生手続の下で会社再建を図ることにした次第であります。

既に、弊社は、平成12年○月○日付けで、東京地方裁判所民事第20部に対し、再生手続開始の申立（平成12年（再）第○○○号）を行い、同日付けで、弁済禁止等を内容とする保全処分の決定も頂いております。

弊社らとしましては、今後、本業に集約した規模・組織に会社組織を再構築し、経費を出来る限り削減すると共に収益力を上昇させ、請負代金の回収、取得不動産及び保有株式の売却を進めながら、現金取引による仕入等による健全経営を目指し、必ずや会社を再建して、皆様方に御恩返しができるものと確信しております。今後は、債権者の皆様の御協力と東京地方裁判所の監督の下に通常通り業務を行い、会社再建に邁進することで、皆様にお掛けする御迷惑を最小限度にとどめる所存でございます。

かかる事態を迎えるに至りましたことについて、経営者としては、先見の明を欠き、尚且つ経営管理能力の不足なくしては語れず、折角、これ迄御支援して頂きました皆様方に対して誠に申し訳無く、深くお詫び申し上げます。今後とも従前同様、御支援と御協力を賜りますよう切にお願い申し上げます。

なお、今後のスケジュールでありますが、先ず、東京地方裁判所から選任された監督委員が債権者の意向等について調査し、その調査結果をもとに裁判所が再生手続開始決定を行い、その後皆様からの債権の届出を受けまして、債権者集会が開催されることとなります。通常、申立から開始決定まで15日、また正式な債権者集会が開催されるまでには５か月程度の日時を必要とします。

そこで、弊社は、正式な債権者集会が開催される前に、今日の事態を迎えるに至った経緯、再生手続（平成12年（再）第○○○号）の見通しについて御説明申し上げると共に、弊社再建策について御協議頂きたく、下記の要領で債権者集会を開催させていただきたいと考えておりますので、お忙しい中、誠に恐縮とは存じますが、下記日時にて御参集頂きますよう重ねてお願い申し上げます。

日　時　平成12年○月○日（○曜日）午後１時から３時30分
場　所　〒○○○―○○○
　　東京都千代田区霞ヶ関○丁目○番○号
　　　○○○○株式会社
　　　（別紙地図参照）
電　話　03―○○○○―○○○○

以上、お詫び旁々お知らせ申し上げます。　敬具

（注１）　債権者の通知と併せ、債権者説明会の案内を連絡する書式である。
（注２）　債権者説明会は、会社更生等においてその申立後に開かれることが多い運用・実態があり、民事再生においても債権者説明会を開催することができるものとして、債権者説明会の開催が規則上認められている（規則第61条）。
　債権者説明会では、再生債務者の業務及び財産に関する状況又は再生手続の進行に関する事項についての説明が予定されている（規則第61条）。
（注３）　本通知書例は、東京地方裁判所の標準スケジュールに則り作成している。

書式番号 39　債権者説明会式次第表

平成　　年　　月　　日

○○○○株式会社債権者説明会・式次第

1　社長挨拶
2　再生手続申立に至る経緯説明
3　当社の業務及び財産の経過及び現状
4　再生の見込み等の説明
　①　再建の見込み
　②　破産との比較
5　今後の取引等の説明
　①　平成12年○月○日で裁判所から弁済禁止等の保全処分決定が出ているため、同日以前の原因によって発生した債権は弁済することができません。
　ただし、○○万円以下の少額債権は弁済いたします。
　②　今後の仕入、外注等は、毎月10日、20日、月末締め、10日後現金払いとさせていただきます。
6　今後の手続等
　まず、裁判所から選任された監査委員が弊社の財務状況について調査を行います。その調査結果をもとに裁判所が民事再生手続開始決定を行います。
　その後債権届出期間内に債権者の皆様に債権の届出をして頂きます。届出債権の認否は書面により行います。
　債権届出期間満了後２か月以内に再生計画案を裁判所に提出し、再生計画案について決議を行います。再生計画案の決議は、裁判所が債権者集会を招集して集会において行います。出席債権者の人数の過半数、総債権額の２分の１以上の賛成が得られれば再生計画案は可決されますので、何卒債権者の皆様の御協力を賜りたく存じます。
7　質疑応答
（配布資料）
　①　○○○○株式会社連絡先等
　②　修正貸借対照表・清算貸借対照表・破産配当の試算表
　③　事業計画書

（注１）　債権者説明会の式次第であるが、式次第を配布することにより、債権者が説明会の進行及び内容の概略を理解でき、また配布資料を確認できる利点がある。

（注２）　再生債務者等が債権者説明会を開催することができることは、規則第61条に規定されている。

書式番号
40　債権者説明会の報告書

平成12年（再）第○号民事再生手続開始申立事件

平成12年○月○日

東京地方裁判所　民事20部　御中

申立人　○○株式会社
上記申立代理人
弁護士　乙　野　次　郎

債権者説明会についての報告書

1　申立人の民事再生手続申立にあたっての債権者に対する説明会を平成○年○月○日に○○において開催いたしましたので、以下、この要旨についてご報告致します。

2　当日は、監督委員○○○○弁護士の出席を得た上で、別紙出席者一覧表のとおり、債権者数にして○○名、人数にして○○名の債権者が参加しました。

最初に申立代理人及び弊社代表取締役甲野太郎から、債権者に対し迷惑をおかけしていることをお詫びしました。

その後、配布した別紙「○○株式会社民事再生手続のご説明とお願い」と題する書面に従って、民事再生手続申立、今後の手続の進行予定等につき説明しました。

3　以上の説明の後、債権者から質問・意見を受け付けました。以下は、その要旨です。

①質問　少額債権者に対して、早期返済等の措置を考えて欲しい(注２)。

回答　資金繰りの内容や法律上の規定を踏まえて検討する。

②質問　顧客からの取引状況や支援状況はどのような状況であるか。先行きはどうか。

回答　（代表取締役から）○○株式会社からの協力を頂いている。そのおかげで、他の主力取引先からの受注はほぼ計画どおりに推移している。

③質問　別除権者に債権放棄を願う必要があるのではないか。

回答　別除権を有する債権者にも一般債権者と同様に、利息の大幅削減など大変な負担をしていただくことをお願いしている。

4　以上の次第にて、約○時間、説明、質疑応答を行いましたが、大方の債権者は、民事再生手続を開始することに賛成のようでした。

以上

（注１）　監督委員は、通常、債権者説明会に出席して傍聴するので、裁判所に対する報告書だけで足りる。

（注２）　裁判所は、再生計画認可決定確定前であっても、少額債権者に対する弁済を許可することができる（法85条１項）。少額債権については、債権者の衡平を害しない限度で、早期弁済等の優遇措置をとることが可能である（法155条１項）。

書式番号
41
債務残高証明願い

債務残高証明願

平成12年○月○日

○○○○株式会社
代理人弁護士　乙野　次郎
東京都千代田区霞ヶ関△丁目△番△号
電話　03―○○○○―○○○○
FAX　03―○○○○―○○○○

拝啓、貴社におかれましてはご清祥のこととお慶び申し上げます。

○○○○株式会社の再生手続（東京地方裁判所平成12年（再）第○号）に関してはお世話になっております。

さて、今後、再生手続の事務処理の迅速化のため、大口金融債権者の正確な債権額等に関する下記事項について、本書面にて照会させていただくこととなりました。別紙のとおり、ひな形をご用意いたしましたので、お手数ですがご記入のうえ、下記事項について当職宛までお知らせいただきたくお願い申し上げます（なお、回答はFAXにても結構です）。

記

1　借入債務額、利息金及び遅延損害金
2　保証債務額及び遅延損害金
3　その他の債務額及び遅延損害金
4　上記の債務に対応する担保の有無及びその表示

敬具

（別紙）
△△△株式会社　御中

平成12年○月○日

○○○○株式会社債権者
（ご住所）
（お名前）
（ご担当）　印

1　○○○○株式会社の借入債務額、未収利息金及び遅延損害金

借入債務額　金　円
上記借入金未収利息　金　円
上記借入金遅延損害　金　円
（ただし、平成　年　月　日迄分）

2　保証債務額及び遅延損害金
保証債務額　金　円
上記保証債務遅延損害　金　円
（ただし、平成　年　月　日迄分）

3　その他の債務額及び遅延損害金
その他債務額　金　円
上記債務遅延損害　金　円
（ただし、平成　年　月　日迄分）

4　上記の債務に対する担保の有無及びその表示
1について　担保無し・有り
（物件名）
2について　担保無し・有り
（物件名）
3について　担保無し・有り
（物件名）

以上

（注１）大口の金融機関（債権者）に対する照会依頼である。

（注２）金融機関との取引は、契約書が差入れ形式になっていることが多く、その契約数及び各内容、利息や遅延損害金の約定内容、担保の有無及びその内容、手形割引の有無及び額等再生債務者自身の連帯保証債務の有無など再生債務者自身も正確に把握できていないことが多い。他方、金融機関側の契約関係に関する情報は正確であり、かつ迅速に開示されることが期待できるので、再生手続の見通しを立てるために、債務状況の開示を依頼する書面である。

書式番号 42　リース債権者説明報告書

リース債権者説明報告書

1　債権者名

2　説明日時　　平成　　年　　月　　日　　時　　分〜　　時　　分（第　回）

3　出席者　（当　方）
　　　　　　（相手方）

4　当方の説明

5　相手方の質問事項・対応

6　その他

（注）詳しい説明が必要な場合には別紙として添付すること

報告日時　　平成　　年　　月　　日
報 告 者

（注１）リース債権者に対する説明の報告書であり、再生債務者の内部資料である。

（注２）リース物件は、再生を図るために継続して使用する必要性がある場合も多く、その趣旨を債権者に十分説明する必要があるし、また債権者がどのような対応を考えているかを把握する必要もある。しかし、事業の規模にもよるが、リース債権者及びリース物件はいずれも多数（他種類）に亘ることが多く、リースに関する情報を正確に整理して把握するために、このような報告書を作成すると便宜である。

書式番号
43
告示書

告　示　書

○○○○株式会社は、平成12年○月○日、東京地方裁判所に対して、再生手続開始の申立を行いました。事件番号は下記のとおりです。

再生手続開始申立事件　　平成12年（再）第○号

本物件及び本物件内の一切の動産は、当職の管理下にありますので、許可なく本物件内に立ち入りあるいは財産の搬出等する者は、刑法により処罰されることがあります。

平成12年○月○日

東京都千代田区霞が関△丁目△番△号

○○○○株式会社再生手続開始申立代理人

弁護士　乙　野　次　郎

電話　03—○○○○—○○○○

FAX　03—○○○○—○○○○

（注１）　民事再生申立後には、一部の債権者が再生債務者の在庫品等の動産類を持ち出そうとすることが十分予測される。そこで、そのような搬出を防止するために、告示書を掲示して、再生債務者から申立代理人が財産の管理を受任しただけではなく、刑法に触れる可能性があることを通知し警告することが多い。

書式番号 44　緊急融資の案内

平成12年○月○日

お取引先各位　殿

東京都千代田区霞ヶ関△丁目△番△号
○○○○株式会社代理人
弁　護　士　　乙野　次郎

当社再生手続開始申立に伴う緊急融資制度等について

当社の再生手続開始申立により、お取引先各位に多大なご迷惑をおかけ致したことを深くお詫び申し上げます。

ところで、当社に対する保全命令が裁判所から発せられ、当社は期日未到来の手形を含めて支払いを全て停止されておりますので、今後皆様の資金繰り等に影響を与えるものと存じます。

そこで、この影響を最小限とするための各種の制度がありますので、ご紹介をさせていただきます。なお、詳細については、各担当窓口までお問い合わせの上、ご確認下さい。

1　中小企業倒産防止共済制度

上記共済制度に加入している場合、共済の定める要件の下、所定の条件での借入が出来ます。

詳細は、全国各地の商工会、商工会議所または中小企業団中央会にお問い合わせ下さい。

2　金融制度

一般的な倒産防止関連資金として次のような制度融資があります。その概要は下記のとおりですが、詳細はご確認下さい。

①　対　　象　　一般に下記要件を満たす方を対象とします。
(1)　当社に対する取引の依存度が20％以上であること
(2)　当社に50万円以上の売掛金債権（営業債権）等を有していること
②　貸付内容　　各機関にお問い合わせ下さい。
③　取扱い　　Ⅰ　中小企業金融公庫（倒産対策貸付）
Ⅱ　国民金融公庫（中小企業倒産対策資金貸付）
Ⅲ　各都道府県（商工担当部課）

都道府県の公的融資制度に際しては下記の信用保証協会の保証を条件とするのが一般的ですが、詳細については都道府県または市町村の窓口でご相談・ご確認願います。

3　信用保証制度（中小企業信用保険法）

中小企業が民間金融機関から融資を受けやすくするため、信用保証協会が保証する制度がありますが、再生手続開始申立に関連して、倒産関連特例保証制度（通称）が設けられております。

この制度を連鎖倒産防止のために活用するためには、弊社が経済産業大臣の倒産企業としての指定を受ける必要がありますが、関連中小企業者は既存の保証枠とは別枠で、国の保険のもとで信用保証協会の保証を得て民間金融機関の融資を受けることが出来ます。なお、詳細については、各信用保証協会にご相談・ご確認願います。

①　条　　件　　弊社が経済産業省に対して中小企業信用保険法第２条第３項（民事再生附則第17条）の指定申請を行い指定企業となること（当社は直ちに申請手続きを致します）など所定の条件があります。

②　保証内容　　各保証協会ないし取引金融機関にお問い合わせ下さい。

4　資金繰り対応について

取引金融機関で当社の手形を割り引いている場合、または担保手形として差し入れている場合、取引金融機関から手形の買戻し又は差し替えを要請されます。また個別に取り立てに出ている場合も期日に不渡りとなり資金化出来ません。

何れも資金不足となりますが、一般的には以下の方策が考えられますので、ご参考になれば幸いです。

①　上記の各種の倒産防止関連資金の利用

②　手形の買戻し資金の長期貸付金への振り替え要請

③　その他単名の借入がある場合、返済条件の緩和要請

④　担保預金その他の預金の利用折衝

以上

書式番号 **45** 租税債権に対する延滞金免除願い

平成12年○月○日

○ ○ ○ 長　殿

東京都千代田区霞ヶ関○丁目○番○号
○○○○株式会社
代表取締役　甲野　太郎
東京都千代田区霞ヶ関△丁目△番△号
申立代理人弁護士　乙野　次郎　印

お支払のお知らせ及びお願い(注１)

前略　当社は、平成12年○月○日、東京都地方裁判所に対し、再生手続開始の申立をし、平成12年（再）第○号事件として受け付けられ、裁判所の監督の下で法的再建を目指すことになりました。

さて、現在滞納している金○○○円の○○税ですが、予定では、平成　年　月　日までに本税分を貴庁にお支払いできる予定です。

しかしながら、滞納税分については、当初の現状では納付することが困難な状況にあります。そこで、今後当初の事業を継続するためにも、延滞税分についてはその免除を受けたく、免除を申請する予定です。

そこで、本税分について納付書をお送りいただきたく、また併せて延滞金免除に関する申請様式がございましたら、当職宛ご郵送いただきたく、お願いいたします。

草々

（注１）　租税は、一般優先債権である（法122条１項）ので、再生手続が開始されてもその権利行使を制限されず、滞納処分若しくは強制執行・仮差押又は一般の先取特権の実行としての競売を行うことが可能である。したがって、かかる権利行使がなされないよう、支払の意思及び支払時期を明確にした書面を提出する必要がある。

書式番号
46
相殺禁止・引落禁止のご連絡

平成12年４月○日

金融機関各位

相殺禁止・引落禁止のご連絡（注１）

株式会社○○○○
代理人弁護士　乙野　次郎
TEL　03―○○○○―○○○○

拝啓　春暖の折、貴行ますますご清栄のこととお慶び申し上げます。

1　さて、株式会社○○○○（以下、当社といいます。）が、平成12年○月○日、東京地方裁判所に再生手続開始の申立をなしましたことは既にご案内のことと存じます。
　つきましては、申立日であります平成12年○月○日以降に当社名義の預金口座に入金された預金につきましては、貴行の当社に対する債権との相殺は法律により禁止されますのでご注意頂きたく、お願い申し上げます（注２）。

2　また、当社は、再生手続開始の申立と同日、東京地方裁判所より弁済禁止の仮処分命令を受けておりますので、当社名義の預金口座に係る自動引落処理につきましては同日以降禁止されます。ご注意頂きたく念の為通知いたします（注３）。

3　今般、再生手続開始の申立をなしたことにより各位には多大なご迷惑をおかけすることとなり、深くお詫び申し上げます。
　再生手続申立の経緯および今後に関しましては、改めてご案内いたします説明会においてご説明する機会を頂ければと存じております。なにとぞよろしくお願い申し上げます。

敬具

（注１）　民事再生法は、債務者の事業又は経済生活の再生を図ることを目的とする手続であるため、相殺ができる場合を制限している。具体的には、①再生債権者が再生手続開始当時再生債務者に対し債務を負担していること、②債権及び債務の双方が再生債権の届出期間の満了前に相殺適状に達していることが必要である（法92条１項）。

（注２）　法93条１号の相殺禁止規定に該当する場合につき、銀行の注意を喚起するもの。

（注３）　裁判所は、再生手続開始の申立があった場合、開始決定がなされるまでの間、再生債務者の業務及び財産に関し、必要な保全処分を命ずることができ（法30条１項）、必要な保全処分を命ずることができ（法30条１項）、必要な保全処分の一つとして明文で弁済禁止の保全処分が規定されている（同条６項）ため、銀行が自動引落処理による弁済を行わないよう、注意を喚起する。

（注４）　申立直後FAX等で早期に送付する。

書式番号
47
従業員に対する通知

社　員　各　位

平成12年○月○日
○○○○　株式会社
取締役社長　甲野　太郎

再生手続の申立てについて(注1)

日々の職務に邁進されている社員の皆様、誠にご苦労さまです。不景気の逆風が吹き荒ぶなか、弊社を支える社員の方々の奮闘には頭の下がる思いです。

私ども経営陣も、弊社の経営建て直しを図るべく、社員の皆様同様、誠心誠意尽力して参りました。しかし、弊社の現状は、残念ながらこれまでの多額の負債を抱えたままで再建計画をたてようとしても、一時しのぎにしかならないばかりか、むしろ負債を増大させる可能性が強い状況にあることは否定できません。

そこで、熟慮に熟慮を重ねた結果、弊社は、本日、東京地方裁判所に再生手続開始の申立をし、再生手続という裁判所が関与した手続のなかで、会社を再建していく道を選びました。

社員の皆様のご尽力にもかかわらず、このような選択肢を選ばざるを得なくなったことについては、経営陣一同、皆様に対し心からお詫び申し上げます。

ただ、社員の皆様にご理解いただきたいのは、これは決して弊社の「終り」ではなく、新たな「始まり」であるということです。

すなわち、再生計画について認可を得れば、現状の弊社の負債を大幅に減額することができますし、また、再生手続開始の申立てを行っても、弊社は、今まで通り業務を継続することができ、むしろ、弊社にご下命いただいているお施主の方々のためにも、一層努力して業務に邁進する必要があります。

再生手続においては、原則として、現経営陣が責任をもって経営の建て直しを図ることが第一義となっており、私ども経営陣も、社員の皆様に負けぬよう、なお一層弊社再建のため一致団結して努力していく所存です。

もちろん、再生手続開始の申立てにより、弊社が長年に渡り築き上げてきた信用を失うこととなったことは否定できず、新たな弊社として生まれ変わる道のりは決して楽なものではありませんが、一度失った信用を取り戻す道は、まさに、今後、弊社が一丸となって会社再建のために誠心誠意尽力することによって拓かれていくのです。

したがいまして、社員各位におかれましては、弊社の一日も早い再建のため、これまで通り職務に尽力されますことを切にお願いいたします。

なお、再生手続においては、皆様の賃金は優先的に確保されることとなっており、今後も賃金については遅配なく支払っていく所存ですので、ご心配なく職務に邁進してください(注２)。

以上

（注１）　再生手続開始の申立後なるべく早い時期に、社内の混乱を避けるために、社員に対し、再生手続の申立をしたこと・今後の会社の経営方針・賃金等につき情報を開示する必要がある。

（注２）　従業員の賃金は、一般優先債権である（法122条１項）ので、他の再生債権に優先して、随時弁済を受け得ること（同条２項）を知らせる必要がある。

書式番号
48
従業員用マニュアル

平成12年○月○日

従 業 員 各 位

○○○○株式会社代理人
弁　護　士　乙野　次郎

電話での問い合わせに関する留意事項

○○○○株式会社は、本日、東京地方裁判所に再生手続開始の申立を行いました。

これに伴い、当社に対し、債権者や株主、マスコミ等の各方面から、電話での問い合わせがなされることが予想されますので、従業員の方々におかれましたは、以下の点に留意して対応して下さい。

なお、以下に記載した以外の事項に関する問い合わせで、判断に窮するものについては、基本的に「わからない」と回答されて構いませんが、緊急性を要すると思われる事項については、「乙野弁護士に相談のうえ回答する」旨お答えいただいたうえ、至急当職にご相談ください。

＊　一般的注意事項

1　電話があった場合には、相手方の名前、住所、電話番号、FAX番号等を確認のうえ、記録して下さい。

2　そして、当社とどのような関係がある者（取引先、株主、マスコミ等）なのか、ご確認下さい。

1　再生申立の事実及び具体的日時について

民事再生申立の事実について問い合わせがあった場合には、申立の事実を認めたうえ、下記申立日時、申立裁判所をお答えになって構いません。

しかし、申立原因については、「現場にはそこまで分かりかねる」とのお答で結構です。

申 立 日 時　　平成　　年　　月　　日　午前　　時
申立裁判所　　東京地方裁判所

2　今後の営業について

再生申立後も営業を継続し、仕掛工事は従来通りに執り行うこと、新規の受注も随時お受けすることをご説明下さい。

3　支払いについて

再生手続申立に伴い、本日、弁済その他の債務を消滅させる行為を禁止する保全処分命令が出されており、昨日以前に発生した債権についてはお支払いできない旨お答え下さい。

そして、「全く支払わないのか」と食い下がる債権者に対しては、「今後の民事再生手続に従い、再生計画が皆様の承認を得られたときに、然るべき債権者に対しては弁済条件に従いお支払いすることになります。」とお答え下さい。

ただし、債権合計額が○万円以下の少額債権は、上記保全処分の対象外となりますので、債権額を尋ねたうえ、合計額が○万円以下の問い合わせに対しては、「合計額が○万円以下の債権者に対しては再生計画認可決定を持たずにお支払することが可能ですが、具体的支払方法については、近日中に決定する予定なのでそれまでお待ち下さい。」とお答え下さい。

4　監督委員について

再生手続については、原則として、現経営陣が引き続き業務執行・財産の管理処分を行うことになっていますが、当社に関する調査監督等のために監督委員が選任されました。

監督委員には、○○弁護士が選任されましたので、この点につき問いあわせがあった場合には、「○○弁護士（東京都○○区○○町○丁目○番○号××ビル　電話03—○○○○—○○○○）が選任されております。」とお答え下さい。

5　債権者説明会について

債権者説明会は、下記のとおり開催することを予定していますので、「開かれるのか」という問い合わせに対しては、日時、場所をお答え下さい。

なお、債権者以外の方の出席をお断りする方針ですので、債権者以外の方の問い合わせに対しては、「債権者説明会は債権者の方々に事情をご理解頂くものであり、債権者でない方のご出席はご遠慮いただいております」とお答え下さい。

日　時　　本年　　月　　日　午後　　時～　　時
場　所　　　　　会館（　　所在。最寄り駅　　　駅）

6　その他の留意事項

①　再生手続においては、原則として債権調査・確定手続を経て認可決定を得る必要がありますが、法定要件を充たす債権者の同意がある場合には、債権調査・確定手続を省略する簡易再生手続や、債権調査・確定のみならず認可決定手続も省略する同意再生手続が採られる可能性もあります。

　したがって、今後、簡易再生手続や同意再生手続が選択される可能性について問い合せがあった場合には、「債権者の皆様の今後の協力如何で決まることであり、現時点では分かりかねる」旨お答え下さい。

②　株主から、株主の権利について問い合わせがあった場合には、「現時点ではまだ何も方針が決まっておらず、お答えできない」旨ご回答下さい。

③　マスコミからの問い合わせについては、原則として当職が対応しますので、その旨お伝え下さい。

以上

（注１）　再生申立時の混乱時に、従業員が落ち着いて対応できるようにする。

書式番号 49　取引先に対する挨拶状

平成12年○月○日

お取引先各位

〒○○○-○○○○
東京都千代田区霞ヶ関○丁目○番○号
○○○○株式会社
代表取締役　甲野　太郎
電話　03―○○○○―○○○○
FAX　03―○○○○―○○○○

再生手続の申立について

謹　啓　　貴社益々ご清祥のこととお慶び申し上げます。

平素は格別のご厚情を賜り厚く御礼申し上げます。

さて、突然のことではございますが、弊社は本日、東京地方裁判所に対し、再生手続開始の申立を行いました。

かように弊社は、やむなく法的再建を図ることとなりましたが、以下にこの様な苦渋の選択に至りました経緯につきまして御説明させて頂きたいと存じます。

記

弊社は、昭和60年代よりバブル期にかけて、弊社の小会社、関連会社を含めて工事受注のため、不動産の先行取得や都市再開発プロジェクト等を手がけて参りましたが、バブルの崩壊により多額の借入金と保証債務を抱える結果となり、慢性的な金利の支払い等の増大から、次第に資金繰りに窮するようになりました。

そこで、平成６年から取引金融機関に対し金利の減免を要請すると共に、関係先皆様の御支援を頂きながら、抜本的なリストラ、取得不動産及び保有株の売却を進め、本業収益の向上による経営の建て直しを図るべく努めて参りました。

しかしながら、株式市場・不動産市況の停滞、弊社自体に対する信用不安等により、経営の建て直しは思うように進展しておりません。このままでは却ってお取引先各位に御迷惑をお掛けすることになると判断し、苦渋の選択ではありますが、弊社は法的再建の道を選ぶことし、今般の再生手続の申立に至った次第であります。弊社としては、利払いの負担に耐えるだけの体力はなかったものの、幸いにしてこの不況下でも営業損益上は黒字を維持しており、関係者各位のご支援を得られれば必ずや再建はなるものと確信しております。

なお、弊社と致しましては、弊社から御下命頂きました現在施工中の工事を完成しお引渡しすることが最大の責務であると考えております。右業務につき、弊社は全力を傾注して必ず工事完成の上お引渡し致しますことをお約束申し上げ、今後とも従来通りのお引き立てを賜りますよう伏してお願い申し上げます。

貴社の引続いての御支援御協力が頂けるのであれば、本業を主体とした事業再建に全社員が気持ちを新たにし、一丸となって取り組み、皆様の御期待に沿うよう努力して参る決意でございますので宜しくお願い申し上げます。

失礼とは存じますが、取り急ぎ書中をもって御挨拶申し上げます。

敬具

（注）　再生申立による混乱を避けるため、取引先に対し、十分な情報開示を行う。

書式番号 50　今後のお支払に関するお知らせ

平成12年○月○日

お取引先各位

〒○○○-○○○○
東京都千代田区霞ヶ関○丁目○番○号
申立人（再生債務者）○○○○株式会社
代表者代表取締役　甲野　太郎
電話　03—○○○○—○○○○
FAX　03—○○○○—○○○○

今後のお取引方法について

謹　啓　　貴社益々ご清祥のこととお慶び申し上げます。

平素は格別のご厚情を賜り厚く御礼申し上げます。

さて、弊社は平成12年○月○日に、東京地方裁判所に対し、再生手続き開始の申立を行いましたので、今後当面の間、御社との取引に関しては現金払いによるお取引をお願い致したいと存じます。

現金払いでの取引方法については、下記の方法を考えておりますので御協力お願い致します。

記

①　弊社より発注
②　納品日の確認（FAXで納品日をお知らせください）
③　納品日までの支払準備
　　弊社　　現金支払の準備をしております。
　　御社　　領収書をご準備願います。
④　納品時、納品と引き換えに代金支払い
⑤　取引終了

なお、取引の性質上、納品時の現金支払いが困難である場合には別途支払方法につき御相談させて頂きますが、お支払先各位にさらに御迷惑をおかけすることは絶対にございませんので御安心下さい。

敬具

（注１）　再生債務者が現金での支払を確約しないと、取引の継続が不可能となるおそれがあるため、かかる通知が必要である。
また、掛売りから現金取引に変える際に、取引方法を明示することにより、円滑に取引を継続する目的もある。

書式番号 51　再生手続開始決定（東京地裁）

平成12年（再）第○○号　民事再生手続開始申立事件

決　　　定

東京都○○区○○丁目○○番○号
再生債務者　株式会社○○○
代表者代表取締役　○○○○

主　　　文

1　○○○株式会社について再生手続を開始する。
2　(1)　再生債権の届出をすべき期間　　平成　　年　　月　　日まで
　(2)　認否書の提出期限　　　　　　　平成　　年　　月　　日
　(3)　再生債権の一般調査期間
　　　　平成　　年　　月　　日から同年　　月　　日まで
　(4)　報告書等（民事再生法124条、125条）の提出期限
　　　　平成　　年　　月　　日
　(5)　再生計画案の提出期限　　平成　　年　　月　　日

理　　　由

証拠によれば、再生債務者は、事業の継続に著しい支障を来すことなく弁済期にある債務を弁済することができないことが認められ、また、本件においては、民事再生法25条各号に該当する事実は認められない。

平成12年○月○日午前○時○分
　東京地方裁判所民事第20部
　　裁判長裁判官　○○○○
　　　　裁判官　○○○○
　　　　裁判官　○○○○

上記は正本である。
　前同日同庁
　　裁判所書記官　○○○○

書式番号 52　再生手続開始決定（大阪地裁）

平成12年（再）第〇〇号

決　　　定

大阪府〇〇市〇〇丁目〇〇番〇号
再生債務者　株式会社〇〇〇
代表者代表取締役　〇〇〇〇
申立代理人弁護士　〇〇〇〇

主　　　文

1　〇〇〇〇株式会社について再生手続を開始する。
2　再生債権の届出をすべき期間等を、次のとおり定める。
(1)　再生債権の届出をすべき期間　　平成　　年　　月　　日まで
(2)　認否書の提出期限　　平成　　年　　月　　日
(3)　一般調査期間　　平成　　年　　月　　日から同年　　月　　日まで
(4)　民事再生法124条２項の財産目録及び貸借対照表並びに同法125条１項の報告書の提出期限　　平成　　年　　月　　日
(5)　再生計画案の提出期限の終期　　平成　　年　　月　　日
3　再生債務者は、毎月５日までに、再生債務者の当該月の前月の業務及び財産の管理状況を、書面をもって当裁判所に報告しなければならない。

理　　　由

疎明によれば、申立人は、事業の継続に著しい支障を来すことなく弁済期にある債務を弁済することができないことが認められる。また、本件においては、民事再生法25条に掲げる事由は認められない。
よって、本件申立は理由があるので、主文のとおり決定する。

平成12年〇月〇日

大阪地方裁判所民事第　　部
裁判長裁判官　　〇〇〇〇
裁判官　　〇〇〇〇
裁判官　　〇〇〇〇

上記は正本である。
前同日同庁
裁判所書記官　　〇〇〇〇

書式番号
53
開始決定に伴う挨拶状

平成12年○月○日

債　権　者　各　位

東京都千代田区霞ヶ関○丁目○番○号
○○○○株式会社
代表取締役　甲野　太郎
東京都千代田区霞ヶ関△丁目△番△号
○○○○株式会社代理人
弁　護　士　乙野　次郎
電話　03―○○○○―○○○○
FAX　03―○○○○―○○○○

再生手続開始のご報告

拝啓　債権者の皆様におかれましては、ご清祥のこととお慶び申し上げます。

弊社は、平成12年○月○日、東京地方裁判所民事20部に対し、再生手続開始の申立をなし、同裁判所および監督委員○○○○先生の監督の下、日夜会社再建に向け奮闘しているところでございます。幸いにして、債権者をはじめとする関係各位からも暖かいご支援をいただき、営業を支障なく継続することができました。

このような状況を踏まえ、監督委員から裁判所に対し再生手続開始相当の意見が出され、平成12年○月○日東京地方裁判所において再生手続開始決定が出されました。これもひとえに関係各位のご寛容とご支援の賜物でございます。申立により一時落ち込んだ売上も回復基調にあり、今後役員・従業員一丸となって会社の再建につとめ、皆さまのご支援に報いる覚悟です。

ご報告かたがた、厚く御礼申し上げます。

敬具

書式番号 54　再生手続開始通知書

平成12年（再）第○○号　民事再生手続開始申立事件

再生手続開始通知書

関係者各位

東京地方裁判所民事第20部
裁判所書記官　　○○○○

当裁判所は、平成　　年　　月　　日午前　　時　　分、次の者について、下記事項のとおり再生手続を開始したので通知する。

東京都○区○○丁目○○番○号
再生債務者　株式会社○○○
代表者代表取締役　　○○○○
再生債務者代理人弁護士　　○○○○（電話　XX-XXXX-XXXX）

記

1　再生手続開始決定の主文
　○○○株式会社に対して再生手続を開始する。
2　再生債権の届出期間
　平成　　年　　月　　日まで
3　債権の一般調査期間
　平成　　年　　月　　日から平成　　年　　月　　日まで
4　再生計画案の提出期間
　平成　　年　　月　　日まで
5　監督委員
　東京都○区○○丁目○○番○号
　弁護士　○○○○

書式番号 55　開始決定に対する即時抗告の申立書

平成　　年（再）第　　　号　民事再生手続開始申立事件

即時抗告申立書

〒○○○―○○○○　　県　　市　　丁目　番　号
抗　告　人　A株式会社
代表者代表取締役　○○○○
〒○○○―○○○○　東京都中央区　　町　　丁目　番　号
抗　告　人　B株式会社
代表者代表取締役　××××
〒○○○―○○○○　東京都　　区　　町　　丁目　番　号
抗　告　人　C株式会社
代表者代表取締役
〒○○○―○○○○　　県　　市　　丁目　番　号
抗告人ら代理人弁護士　○　○　○　○
（電話）○○（○○○）○○○○
（FAX）○○（○○○）○○○○
〒○○○―○○○○　　県　　市　　丁目　番　号
相手方（再生債務者）○○○株式会社
代表者代表取締役

抗告人らは、○○地方裁判所（再）第　　　号民事再生手続開始申立事件について、同裁判所が平成　　年　　月　　日午前　　時に相手方に対してなした再生手続開始決定は全部不服であるから即時抗告をなす。

原決定の主文

○○株式会社について再生手続を開始する。

抗告の趣旨

原決定を取り消す

相手方の再生手続開始の申立てを棄却する
抗告費用は相手方の負担とする
との決定を求める。

抗 告 の 理 由

1　原審裁判所は、相手方（再生債務者）に対し、相手方の申立てに係る民事再生手続開始申立事件について、平成　　年　　月　　日、再生手続開始決定を行った。再生手続開始決定の官報掲載日は、平成　　年　　月　　日である。
2　抗告人らは、相手方に対し、下記の売掛金を有する債権者（再生債権者）である。

記

抗告人Ａ　婦人服及び雑貨類　売買代金800万円（別紙一覧表のとおり）
抗告人Ｂ　台所用品及び海産乾物類等食料品代金500万円（別紙一覧表のとおり）
抗告人Ｃ　電化製品売買代金400万円
3　相手方のなした再生手続開始の申立てには、次の通り、民事再生法第25条第４号に定める申立棄却事由が存する。
相手方の民事再生手続開始の申立は、誠実にされたものではない（法第25条第４号）。
相手方は、平成　　年　　月　　日、抗告人Aから、Aの商品である化粧品を購入し、その代金100万円を現金にて決済し、抗告人Aをして支払意思も能力もあるものと信じさせ、引き続き平成　　年　　月　　日Aの商品である婦人服及び雑貨類合計800万円相当分を支払意思も能力もないのに購入し、その決済を３ヵ月後の手形を振り出して行った。
また、相手方は、平成　　年　　月　　日抗告人Bから、Bの商品である家庭用雑貨類を購入し、その代金75万円を小切手にて決済し、抗告人Bをして支払意思も能力もあるものと信じさせ、引き続き右小切手決済の後である平成　　年　　月　　日Bの商品である台所用品、及び海産乾物類等食料品500万円相当分を支払意思も能力もないのに購入し、その決済を３ヵ月後の手形を振り出して行った。
さらに相手方は平成　　年　　月　　日抗告人CからCの商品である家庭用掃除機50台を購入し、その代金270万円を小切手にて決済し、抗告人Cをして支払意思も能力もあるものと信じさせ、引き続き右小切手決済の後である平成　　年　　月　　日Cの商品であるウォークマン100台、400万円相当分を支払意思も能力もないのに購入し、その決済を２ヵ月後の手形を振り出して行った。
相手方は上記手形をいずれも振り出した後、わずか数日間の内に、民事再生手続開始の申立てをなしたものであって、相手方が、当初から決済の意思も能力もないにもかかわらず、再生手続開始の申立てを行うことを秘匿して、抗告人らから商品を取り込んだことは明らかである。

相手方代表取締役社長甲は、民事再生手続開始申立の直前にその所在が不明となり、実際に民事再生手続開始の申立は代表権を有する専務取締役丙により行われたものである。

以上の事情に鑑みれば、相手方のなした民事再生手続開始の申立は、取込詐欺的な計画倒産であって、誠実にされたものでは決してない。

4　よって、原審裁判所のなした原決定は不当であるから、これを取り消して、相手方の民事再生手続開始の申立を棄却する旨の決定を求める。

証　拠　書　類

1　抗告人ら作成の報告書
2　不渡手形
3　その他については、必要に応じて追完する。

添　付　書　類

1	甲号証写し	各1通
2	資格証明書（抗告人）	3通
3	訴訟委任状	3通

平成　　年　　月　　日

抗告人ら代理人弁護士　㊞

○○高等裁判所　御中

（注1）　法9条／法25条4号／法33条、35条、9条、10条／法36条1項。

書式番号 56 即時抗告棄却決定

平成　　年（ソラ）第　　号

決　　　定

○○県○○市○○　　丁目　　番　号
抗　告　人　○○○株式会社
代表者代表取締役　○○○○
○○県○○市○○　　丁目　　番　号
抗　告　人　○○○株式会社
代表者代表取締役　○○○○
○○県○○市○○　　丁目　　番　号
抗　告　人　○○○株式会社
代表者代表取締役　○○○○
○○県○○市○○　　丁目　　番　号
抗告人ら代理人弁護士　○○○○
○○県○○市○○　　丁目　　番　号
相　手　方　××××株式会社
代表者代表取締役　××××

主　　　文

1　本件抗告を棄却する。

2　抗告費用は抗告人らの負担とする。

理　　　由

1　抗告の趣旨

(1)　原決定を取り消す。

(2)　相手方の再生手続開始の申立を棄却する。

2　抗告の理由の要旨

抗告の理由は、概要、相手方の再生手続開始の申立は、取込詐欺的な計画倒産であって、民事再生法第25条第４号の、再生手続開始の申立が誠実にされたものでないときに該当するというものである。

3　当裁判所の判断

当裁判所は、本件において、民事再生法25条各号に該当する事実は存在せず、申立人について再生手続を開始した原決定は相当であると判断するが、その理由は、次のとおりである。

相手方は、民事再生手続開始の申立を平成　　年　　月　　日頃に決断したことが認められ、抗告人らからの商品購入をなした時点において、民事再生手続開始の申立をなすことについての最終的な意思決定がなされていたとまでは認められない。抗告人らが計画倒産の根拠として指摘する第１の各商品購入後、第２の商品購入時までの数日間に相手方の主力銀行からの資金調達交渉が暗礁に乗りあげ、さらに追い打ちをかけるように相手方の大口売掛先である乙社の手形が不渡りとなり相手方の予想をはるかにこえるスピードでたちまちのうちに申立人の資金繰りが悪化したことは、一件記録により明らかであるから、抗告人らが主張するように相手方において第２の商品購入の際にその支払意思も能力もなかったことを認めるべき証拠は存在しない。

したがって、相手方のした再生手続開始の申立が、誠実になされたものでないとは認められない。

よって、原決定は相当であり、本件抗告は理由がないからこれを棄却し、抗告費用は抗告人らに負担させることとして、主文のとおり決定する。

平成　　年　　月　　日

○○高等裁判所民事第　　部

裁判長裁判官　○　○　○　○　印

裁判官　○　○　○　○　印

裁判官　○　○　○　○　印

（注１）　法19条／民訴法の準用。

書式番号 57　債権者集会招集の申立書

平成12年（再）第○○号

〒×××-××××　東京都千代田区霞ヶ関×丁目×番×号
申立人（再生債務者）×××株式会社
代表者代表取締役　　丙　野　三　郎

債権者集会招集申立書

申　立　の　趣　旨

再生債務者○○○株式会社に対する頭書事件につき、再生債務者の財産状況を報告するために債権者集会を招集するとの決定を求める。

申　立　の　理　由

1　申立人は、再生手続開始申立書に記載された再生債権総額○○○，○○○，○○○円の10分の１以上にあたる○○，○○○，○○○円の債権を有する再生債権者である。
2　再生債務者が作成した財産目録・貸借対照表及び報告書には再生債務者の財産状況が記載されているが、上記財産目録・貸借対照表及び報告書には以下のとおり不明朗な点がある。
……（略）
3　従って、これらの事項について再生債務者から詳細な報告を受ける必要があると思料するので、財産状況報告のため債権者集会を招集されたく申し上げる次第である。

以上

平成　　年　　月　　日

申立人再生債権者　　　株式会社△△△
上記代表者代表取締役　丙　野　三　郎

東京地方裁判所民事第20部　御中

（注１）　民事再生手続では、財産状況報告のための債権者集会は、手続簡素化のために任意に開催される。申立が認められる場合については、法第114条参照。

（注２）　申立書には、会議の目的である事項、及び招集の理由を記載する（規則第48条）。

書式番号
58

強制執行手続中止の上申書

上　申　書（執行中止用）（注１）

債権者　株式会社○○○○

債務者　○○○○株式会社

上記当事者間の御庁平成○年（ヌ）第○○号不動産差押命令申立事件について、債務者は、平成○年○月○日午後○時○○分、御庁より再生手続開始決定を受けましたので（平成12年（再）第○号民事再生手続開始申立事件）、民事再生法第39条１項に基づいて、執行手続を中止されるよう、上申いたします。

添付書類　再生手続開始決定正本　１通

委任状　１通

平成○○年○月○日（注２）

再生債務者　○○○○株式会社

上記再生債務者代理人

弁護士　乙野次郎　㊞

東京地方裁判所民事第21部　御中（注３）

（注１）　法39条１項による中止を求める上申書である。
（注２）　執行手続開始後終了までに提出を予定している。
（注３）　執行裁判所の担当部宛に提出をする。

書式番号
59
強制執行の取消申立書

平成12年（再）第○○号

平成○○年○月○日(注１)

東京地方裁判所民事第20部　御中(注２)

強制執行手続取消の申立書(注３)

申立人（再生債務者）　○○○○株式会社
上記申立人（再生債務者）代理人
弁護士　乙野次郎　㊞

第１　申立の趣旨

御庁平成12年（ル）第○○号債権差押命令申立事件（債権者株式会社○○○○、債務者○○○○株式会社）の執行手続を取り消すとの決定を求める。

第２　申立の理由

債務者は、平成○年○月○日午後○時、御庁において再生手続開始決定を受け、同日、御庁平成12年（ル）第○○号債権差押命令申立事件（債権者株式会社○○○○、債務者○○○○株式会社）につき民事再生法第39条１項に基づく執行手続の中止がなされている(注４)。

ところで、本件執行の対象たる債権は、いずれも債務者の得意先に対する売掛債権であり、適宜に回収して、新規商品の購入資金に充てる必要があり、本件売掛債権の回収は債務者の営業の継続ひいては再生のために必要不可欠である(注５)。

よって、民事再生法第39条２項後段に基づいて、本件執行手続の取消を求める(注６)。

添付書類

１　報告書

以上

（注１）　執行取消の前提となる執行中止は、再生手続開始決定の際に生じる（法39条１項）。したがって、再生事件の開始決定による執行中止の後、本申立書を提出する。
（注２）　再生事件の担当裁判所に提出する。
（注３）　法39条２項後段に基づく申立である。
（注４）　法39条１項により執行手続が中止していることが前提となる（法39条２項後段）。
（注５）　再生のため必要があることが要件となる（法39条２項後段）。
（注６）　立担保が必要となる場合もある（法39条２項後段）。

書式番号
60
上申書（執行取消）

上　申　書（執行取消用）（注１）

債権者　株式会社○○○○

債務者　○○○○株式会社

上記当事者間の御庁平成○年（ル）第○○号債権差押命令申立事件について、債務者は、平成○年○月○日午後○時○○分、御庁より再生手続開始決定を受け（平成12年（再）第○号民事再生手続開始申立事件）、民事再生法第39条１項に基づいて、執行手続が中止されているところですが、この度、強制執行手続の取消が命ぜられましたので、執行手続を取消されるよう上申いたします。

添付書類　強制執行手続取消決定正本　１通
　　　　　委任状　　　　　　　　　　１通

平成○○年○月○日（注２）

再生債務者　○○○○株式会社

上記再生債務者代理人

弁護士　乙野次郎　㊞

東京地方裁判所民事第21部　御中（注３）

（注１）　法39条２項による取消決定がなされたことを伝える上申書である。
（注２）　執行手続開始後終了までに提出を予定している。
（注３）　執行裁判所の担当部宛に提出をする。

書式番号 61 再生債権届出書

事件番号　平成12年（再）第　　　　号
再生債務者

再生債権届出書

平成　　年　　月　　日（届出書作成日）

東京地方裁判所民事第20部　合議A係　御中

債権者の表示

〒
（住所）
〒
（本店所在地）
（氏名または名称）
（代表者名）　　　　　　　　㊞　TEL　　　　　　FAX

裁判所受付日

＊ 代理人名義で届ける場合のみ、下の欄に記入してください。（委任状添付）
（住　所）
（代理人名）　　　　　　　　㊞　TEL　　　　　　FAX

届出債権額（議決権行使額・内訳は下欄のとおり）			合計　　　　　　　　円
進行番号	債権の種類（例）売掛金・貸付金、手形金	債権の金額（元金の残額をご記入下さい。複数口は別紙明細目録にご記入下さい。） 債権の内容及び金額（記入例参照）	□利息金　□遅延損害金（該当する□に印をつけてください。決定の前日までは確定金額、決定後は額未定分です。）
1			□　月　日から　月　日まで（利率　%）　円 □　開始決定後の金員
2			□　月　日から　月　日まで（利率　%）　円 □　開始決定後の金員
3			□　月　日から　月　日まで（利率　%）　円 □　開始決定後の金員

※　複数口の債権及び手形金債権のある方は、次の欄にご記入下さい。
（記載欄が不足する場合は、この用紙をコピーなどして追加してください。）

債権明細目録（前記進行番号　　　の　　　　　債権につき）

債 権 の 種 類	債 権 の 金 額	債権の内容及び原因
	円	
	円	
	円	
	円	

手形明細目録（振出人が債務者以外の場合は、備考欄に振出人名をご記入下さい。）

手形番号	額面金額	支払期日	振 出 日	金融機関（支払場所）	備　　考

※　前記債権について、担保権のある方は、次の項目にご記入のうえ、説明書記載の資料を添付してください。複数口のある場合は、担保目録作成のうえ、添付してください。
〔債権の種類〕　前記進行番号　　　の　　　　　債権
〔担保権の種類〕　□抵当権　　□根抵当権　□質権　□商事留置権　□その他（　）
〔担保権の実行で不足する見込額〕　合計　　　　　　　　円

※　前記の債権について、執行力ある債務名義をお持ちの方は、どの債権であるかを特定のうえ、その通数を記入し、写しを一部添付してください。
執行力ある債務名義あり〔債権の種類　　　　　〕
合計　　　　　　　通

（注１）　法第94条１項参照。なお、届出書には、各債権の内容及び原因、議決権の額のほか、規則第31条に定める事項を記載する。
（注２）　再生債権の届出の提出をもって、再生手続への参加があったものとされ、時効中断効を生ずる。

書式番号
62
債権届出書の書き方

事件番号　平成12年（再）第○○○号
再生債務者　株式会社○○商事

裁判所使用欄

再生債権届出書《記載例》

平成12年○○月○○日（届出書作成日）

東京地方裁判所民事第20部　合議A係　御中

債権者の表示

〒100―0000
（住所）東京都千代田区霞ヶ関１―１―２
〒100―0000
（本店所在地）東京都千代田区隼町４―２
（氏名または名称）○○建設株式会社

裁判所受付日

（事務担当者名△△　△△）
（代表者名）○○　○○　㊞　　TEL 03―0000―0000　FAX 03―0000―0000
＊　代理人名義で届け出る場合のみ、下の欄に記入してください。（委任状添付）
（住　　所）東京都新宿区新宿○―○―○
（代理人名）□□　□□　㊞　　TEL 03―0000―0000　FAX 03―0000―0000

届出債権額（議決権行使額・内訳は下欄のとおり）			合計　4,005,013円
進行番号	債権の種類 （例）売掛金・貸付金手形金	債権の金額（元金の残額をご記入ください。複数口は別紙明細目録にご記入ください。） 債権の内容及び原因（記入例参照）	□利息金　□遅延損害金 （該当する□に✓をつけてください。決定の前日までは確定金額、決定後は額未定分です。）
1	売掛金	2,500,000円 平成○年○月○日から平成○年○月○日までの間の商品△△ほか	□　月　日から　月　日まで （利率年　％）　円 □開始決定後の金員
2	貸金	500,000円 平成○年○月○日貸付・弁済期平成○年○月○日・利率△△％	☑○月×日から△月○日まで （利率年14％）　5,013円 □開始決定後の金員
3	手形金	1,000,000円 別紙手形明細目録のとおり	□　月　日から　月　日まで （利率　％）　円 □開始決定後の金員
4		円	□　月　日から　月　日まで （利率　％）　円 □開始決定後の金員

※　複数口の債権及び手形金債権のある方は、次の欄にご記入ください。
（記載欄が不足する場合は、この用紙をコピーなどして追加してください。）

債権明細目録（前記進行番号　1　の　売掛金　債権につき）

債権の種類	債 権 の 金 額	債権の内容及び原因
	円	
	円	
	円	
	円	
	円	

手形明細目録（振出人が債務者以外の場合は、備考欄に振出人名をご記入ください。）

手形番号	額面金額	支払期日	振 出 日	金融機関（支払場所）	備　　考
AB98682	500,000	○月○日	△月△日	うめ銀行霞支店	
CD19999	500,000	□月□日	○月○日	うめ銀行霞支店	

※　前記の債権について、担保権のある方は、次の項目にご記入のうえ、説明書記載の資料を添付してください。複数口ある場合は、担保目録を作成のうえ、添付してください。

〔債権の種類〕 前記進行番号　1　の　売掛金　債権

〔担保権の種類〕 □抵当権　□根抵当権　☑質権　□商事留置権　□その他（　　　　）

〔担保権の実行で不足する見込額〕 合計　400,000円

※　前記の債権について、執行力ある債務名義をお持ちの方は、どの債権であるかを特定のうえ、その通数を記入し、写しを添付してください。

執行力ある債務名義あり〔債権の種類　貸金　〕

合計　1　通

（注１）　債権届出について、届出期間は、裁判所が再生手続開始決定と同時に定める（34条）

期間→規則18条１項

（注２）　債権届出について、届出事項→94条１項・規則31条

（注３）　債権届出について、再生債権者が届出期間内に債権の届出を行わなかっ

た場合は、失権するのが原則（178条、181条１項）。
例外は限定的→95条１項３項５項
（注４）債権届出について、届出には時効中断効がある（98条）

〔参考〕平成12年の東京地裁での取扱例 —— 記載例参照

1　添付書類

法人の資格証明及び証拠書類の添付は不要です（但し、債務者から提出を求められた場合は必要となります。）。

2　記載方法

- 債権者の表示の中の㊞は、会社の代表印を押してください。印鑑証明の添付は不要です。

  住所は、本件取引に関する現実の営業所、事務所等を記載してください。裁判所からの通知は、この住所宛に郵送します。登記簿上の本店所在地が、この住所と異なる場合には、必ず「本店所在地」欄に登記簿の記載どおりに記入してください。同じ場合は、「同上」と記載してください。
- 同一の種類の債権が複数口ある場合は、記載例のように、債権明細目録又は手形明細目録に記入してください。記載欄が足りない場合は、用紙をコピーして作成のうえ、別紙として添付してください。
- 利息金又は遅延損害金は、開始決定の前日までは、確定金額を記入してください。開始決定後の金員も請求する場合は、額未定となりますので、□をチェックするだけで結構です。複数口ある場合は、債権の種類ごとに債権明細目録に記入してください。
- 担保権のある債権者は、〔担保権の種類〕をチェックするか、又は（　）の中に具体的な種類を記入してください。

  〔担保権の実行で不足する見込額〕の資料としては、計算書や不動産評価書等を提出してください。担保設定が複数ある場合には、どの物件かが分かるように設定内容についての明細書を添付してください。

書式番号
63
再生債権の届出書（別除権者の予定不足額のある場合）

事件番号　平成12年（再）第○○○号
再生債務者　○○○○株式会社

1

再生債権届出書（注１）

平成12年○月○日（届出書作成日）

東京地方裁判所民事第20部　合議A係　御中

債権者の表示

裁判所受付日

〒○○○-○○○○
（住所）東京都千代田区大手町○丁目○番○号
〒○○○-○○○○
（本店所在地）東京都千代田区大手町○丁目○番○号
（氏名または名称）株式会社××××
（事務担当者名　　　　　）
（代表者名）　西　野　三　郎　㊞　TEL　　　　FAX
＊　代理人名義で届け出る場合のみ、下の欄に記入してください。（委任状添付）
（住　　所）
（代理人名）　　　　㊞　TEL　　　　FAX

届出債権額（議決権行使額・内訳は下欄のとおり）		合計　131,495,890円	
進行番号	債権の種類 （例）売掛金・貸付金、手形金	債権の金額（元金の残額をご記入ください。複数口は別紙明細目録にご記入ください。） 債権の内容及び原因（記入例参照）	□利息金　□遅延損害金 （該当する□に✓をつけてください。決定の前日までは確定金額、決定後は額未定分です。）
1	貸付金	130,000,000円 平成○年○月○日金150,000,000円貸付金 （弁済期平成○年○月○日利息７％遅延損害金年14％）の残元金	☑○月○日から○月○日まで （利率14％）　1,495,890円 ☑開始決定後の金員
2		円	□　月　日から　月　日まで （利率　％）　円 □開始決定後の金員
3		円	□　月　日から　月　日まで （利率　％）　円 □開始決定後の金員
4		円	□　月　日から　月　日まで （利率　％）　円 □開始決定後の金員

※　複数口の債権及び手形金債権のある方は、次の欄にご記入ください。
（記載欄が不足する場合は、この用紙をコピーなどして追加してください。）

債権明細目録（前記進行番号　　の　　　債権につき）

債権の種類	債 権 の 金 額	債権の内容及び原因
	円	
	円	
	円	
	円	
	円	
	円	
	円	

手形明細目録（振出人が債務者以外の場合は、備考欄に振出人名をご記入ください。）

手形番号	額面金額	支払期日	振 出 日	金融機関（支払場所）	備　考

※　前記の債権について、担保権のある方は、次の項目にご記入のうえ、説明書記載の資料を添付してください。複数口ある場合は、担保目録を作成のうえ、添付してください。
〔債権の種類〕 前記進行番号　１の貸付金債権
〔担保権の種類〕 □抵当権　☑根抵当権　□質権　□商事留置権　□その他（　）
〔担保権の実行で不足する見込額〕 合計　81,495,890円（注２）
別紙明細書のとおり（注３）

※　前記の債権について、執行力ある債務名義をお持ちの方は、どの債権であるかを特定のうえ、その通数を記入し、写しを一部添付してください。
執行力ある債務名義あり〔債権の種類　　　　〕
合計　　　　通

別紙明細書

別除権の表示　根抵当権
　　　　　　　極度額　　金100,000,000円
　　　　　　　順位　　　１番
別除権の目的１　東京都台東区△△○丁目○番○　　宅地○○○・○○m^2
　　　　　　２　東京都台東区△△○丁目○番地○　家屋番号○○番　事務所倉庫
　　　　　　　　鉄筋コンクリート造メッキ鋼板葺２階建て
　　　　　　　　１階　○○・○○m^2　２階　○○・○○m^2
別除権の評価　　１　金35,000,000円
　　　　　　　　２　金15,000,000円
　　　　　　　合計　金50,000,000円（別紙計算書のとおり）

（注１）　東京地裁の書式である。
（注２・３）　別除権とは、抵当権、質権、特別の先取特権等の担保権であり、再生手続によらず行使することができるが（法第53条）、別除権を有する債権者が債権を届け出る場合は、別除権の目的（注３）及び別除権の行使によって弁済を受けることができないと見込まれる債権の額（注２）を届け出なければならない（法第94条２項）。

書式番号
64
追加届出書

平成12年（再）第○○号

〒○○○○—○○○
東京都千代田区霞ヶ関○丁目○番○号
再生債権者　○○株式会社
代表取締役　甲野　太郎

再生債権追加届出書

再生債権者○○株式会社

上記再生債務者に対する御庁平成12年（再）第○○号再生手続開始申立事件につき、下記債権について届出の追完をいたします。

記

一　届出の追完をする再生債権

別紙再生債権届出書記載のとおり

二　届出期間内に届出をすることができなかった事由（注２）

三　二項の事由が消滅した時期

疎　明　資　料

1

2

平成12年○月○日

東京地方裁判所民事第20部　御中

（注１）　再生債権者は、裁判所の定めた届出期間内に、再生債権の届出をしなければならず（法94条)、届出期間経過後の債権届出、届出の追完は特別な場合に限り許されることになった。

すなわち、①再生債権者がその責めに帰すことのできない事由によって裁判所の定めた届出期間に届出をすることができなかった場合（法95条１項）②届出期間経過後に再生債権が生じた場合（同条３項）③再生債権者がその責めに帰すことのできない事由によって、届け出た事項について他の再生債権者の利益を害すべき変更を加える場合（同条５項）に限って、届出の追完ができる。

（注２）　注１①の場合、その事由が消滅した後１ヵ月以内に限り、その届出を追完することができる（法95条１項)。この期間は、裁判所による期間の伸縮は認められず（法95条２項)、また、たとえ１ヵ月の期間内であっても、再生計画案を書面による決議に付する旨の決定がなされ、又は再生計画案について決議をするための債権者集会を招集する旨の決定がなされた後は、届出の追完をすることはできない（同条４項)。なお、届出の追完をする時には、届出をすることができなかった事由及びその事由が消滅した時期を記載しなければならない（規則34条１項)。

（注３）　注１②の場合、その権利が発生した後１ヵ月の不変期間内に届出をしなければならない（法95条３項)。この場合、注２の場合と異なり、民事訴訟法の適用があり、債権者の責に帰すことができない事由により不変期間を遵守することができなかった場合には、その事由が消滅した後１週間以内に限り追完することができる（民事訴訟法97条１項)。なお、届出書には、当該届出をする再生債権が生じた時期を記載しなければならない（規則34条２項)。

（注４）　追加届出書には、副本を添付する必要がある（規則34条４項、32条)。

書式番号
65
債権認否の方針

平成12年（再）第○○号

報　　告　　書

平成12年○月○日

監督委員　○○○○　殿

再生債務者　○○○○株式会社
代理人弁護士　乙　野　二　郎
（電話　03—○○○○—○○○○）
（FAX　03—○○○○—○○○○）

別除権付債権の認否について

別除権付債権の認否については、下記の原則で行う予定です。

記

⑴　債権額そのものに争いがない場合は、（予定不足額だけを認めるのではなく）別除権でカバーされている部分を含めて、債権全額を認める（注１）。

⑵　議決権については、別除権予定不足額だけを認める（注２）。

⑶　上記⑴により、認めた債権についても、別除権の行使によって不足額が確定するまでは、再生計画の弁済の対象とはしない（適確な定めはする）（注３）。

⑷　リース債権については、別除権として上記の原則に基づき認否を行うが、別除権の受戻し協定が成立したものについては、協定により弁済すべき金額は共益債権であるとの考えに基づき、（届出があっても）再生債権としては否認する。

(5)　リース物件の引き揚げがなされたが、精算が未了のものについては、別除権の行使による確定が未だなされていないものと見て、①債権額は全額認め、②議決権額は予定不足額で認め、③精算が終わるまで再生計画の弁済対象とはしない。

以上

（注１）　別除権者は、再生債権の届出に際し、債権の内容及び原因等、他の再生債権者と同様の事項のほか、別除権の目的及び別除権予定不足額等も届け出なければならない（法94条２項）。上記(1)は、「債権額そのものに争いがない場合」には、認否において債権全額を認めるというものである（債権全額と予定不足額との関係は注３参照）。

（注２）　再生計画案可決のためには、議決権者の過半数の賛成のほか、議決権者の議決権総額の２分の１以上の議決権を有する者の賛成が必要である（法171条４項）。そして、別除権者は、予定不足額の部分についてのみ、再生債権者としてその権利を行使できる（法88条）。したがって、議決権については、予定不足額の分だけを認めることとなる。

（注３）　予定不足額が確定していない別除権者については、再生計画において、不足額が確定した場合の再生債権者として権利行使に関する適確な措置を定めなければならない（法160条１項）。

書式番号 66　認否書（その１）

再　生　債　権

民事再生法101条１項及び２項に規定する債権（１/10頁）

受付番号		届出債権　注１			
		債権者名	種　類	内容（債権額）（別除権のある場合はその旨）	議決権額
1	1	△△△株式会社	貸付金	20,000,000(別除権)	20,000,000
	2		利息	1,000,000(別除権)	1,000,000
	3		遅延損害金	355,678	355,678
				額未定（元金20,000,000円に対する開始決定日から完済まで年14%の割合）	0
2	1	有限会社△△△	売掛金	10,000,000	5,000,000
	2		遅延損害金	843,325	843,525
				額未定（元金10,000,000円に対する開始決定日から完済ま年14%の割合）	0

注１　届出債権者の住所、再生債権の原因は、その他の欄に記載のない限り債権届出書と同じである。
注２　認めない理由の要旨　１　債権不存在、２　手形要件不備、３　民事再生法84条２項に規定する債

（注１）　債権届出期間内に、届出があった再生債権、第95条による届出の追完又
（注２）　認否は、届出債権について、各別に認めるか認めないかを記載する。

認　否　書

事件番号　平成　年（再）第　　　号
再生債務者　株式会社○○○

認否の結果					その他
認める		認めない		認めない理由の要旨※注２	
認める額（別除権のある場合はその旨）	議決権額	認めない額	議決権額		
5,000,000（別除権）	5,000,000	15,000,000	15,000,000	1	
200,000（別除権）	200,000	800,000	800,000	1	
327,027	327,027	28,651	28,651	1	
額未定（元金5,000,000円に対する開始決定日から完済まで年14％の割合）	0	額未定（元金15,000,000円に対する開始決定日から完済ま年14％の割合）	0	1	
10,000,000	5,000,000	0	0		
843,525	843,525	0	0		
額未定（元金10,000,000円に対する開始決定日から完済ま年14％の割合）	0	0	0		

権、４　その他記載のとおり

は届出事項の変更があった再生債権についての認否書の記載例である（法第101条１項、同２項参照）。

書式番号 67 認否書（その２・自認債権）

再生債権認否書

事件番号　平成　年（再）第　号
再生債務者　株式会社○○○

民事再生法101条３項に規定する債権（自認債権）

番号		債権の内容及び原因				その他
		債権者名及び住所	種類及び原因	内容（債権額）	別除権の有無並びに有る場合はその目的及びその予定不足額	
9	1	A　株式会社 代表者　山川海一 東京都千代田区×××	貸付金 （平成10年12月10日付消費貸借契約）	20,000,000	無	
	2		遅延損害金	額未定 （元金20,000,000円に対する平成12年３月１日から完済まで年14％の割合）	無	
10		△△△　有限会社 代表者　夏山隆 京都市左京区松ヶ崎×××	売掛代金（平成12年２月18日付売買契約に基づく売買代金）	3,000,000	無	
11		株式会社　B 代表取締役　春川一郎 仙台市青葉区小平町××	手形債権（別紙手形目録記載の手形債権）	3,600,000	無	

（注１）　法第101条３項参照。
（注２）　届出がない再生債権を知っている場合の認否書の記載例である。認否書の記載事項については、規則第38条２項参照。

書式番号
68
債権認否の変更書

平成12年（再）第○号　民事再生手続開始申立事件

平成12年○月○日
再生債務者　○○○○株式会社
代表取締役　甲　野　太　郎
代理人弁護士　乙　野　次　郎

東京地方裁判所民事第20部　合議係　御中

債権認否の変更書（注１）

標記事件に係る再生債務者作成の債権認否表（一覧表）につき、民事再生規則41条１項に基づいて以下のとおり認否を変更いたします。

1　債権者番号12番（△△△△銀行）について
債権進行番号３の債権の内容について、認めないものとしていたものを下記のとおり認める旨に変更いたします。

記

	認める額	認めない額
（訂正前）	0	5,000,000
（訂正後）	5,000,000	0

2　債権者番号17番（△△△△信用保証協会）について
債権進行番号１の求償権の、議決権について、認めないものとしていたものを下記のとおり認める旨に変更いたします。

記

	認める額	認めない額
（訂正前）	0	1,200,000
（訂正後）	1,200,000	0

（注１）　法101条に基づき作成した認否書について、認否書の提出期限後に規則41条１項に基づき変更するものである。一般調査期間における調査が開始された後においては、認否書について規則41条１項に基づく変更以外の変更を行うことは裁判所によっては認めない場合があるため、認否書の作成にあたっては誤りがないように細心の注意を払う必要がある。なお、東京地裁においては、形式的な誤記その他の裁判の更正の事由に準じた事由がある場合には、更正書の提出により認否書の記載の訂正（更正）を認める運用である（金融法務事情1594号18頁）。

書式番号 69　異議書（その１）

事件番号　平成12年（再）第○○○号　　再生債務者　○○○○株式会社

異　　議　　書

上記事件について、下記の再生債権者の債権に対し、民事再生法102条１項の規定に基づき、下記異議額欄記載のとおり異議を述べる。

平成12年　　月　　日

（住所）京都市左京区×××町１—１—１
異議者（受付番号13）△○株式会社
代表者代表取締役　○　○　○　○

東京地方裁判所民事第20部　御中

記

異議の相手方（再生債権者）　×××株式会社
民事再生法101条１項に規定する債権

受付番号	債権の種類	届出債権額（届出議決権額、円）	異議額（異議のある議決権額、円）	異議の具体的な理由
５—２	売掛代金	30,000,000 （30,000,000）	30,000,000 （30,000,000）	債権不存在 再生債務者と債権者の通謀によるものである
５—３	遅延損害金	384,450 （384,450）	384,450 （384,450）	債権不存在 再生債務者と債権者との通謀によるものである
		3000万円に対する開始決定日から完済まで年６％の割合による損害金（０円）	3000万円に対する開始決定日から完済まで年６％の割合による金員（０円）	債権不存在 再生債務者と債務者との通謀によるものである

（注１）　法第102条１項参照。
（注２）　異議申立書には、異議を述べる事項及び異議の理由を記載しなければならない（規則第39条）。

書式番号
70
異議書（その２）

事件番号　平成12年（再）第○○○号　　再生債務者　○○○○株式会社

異　議　書

上記事件について、下記の再生債権者の債権に対し、民事再生法102条１項の規定に基づき、下記の異議額欄記載のとおり異議を述べる。

平成12年　　月　　日

（住所）東京都千代田区△△△△
異議者（受付番号13）○○○○株式会社
代表者代表取締役

東京地方裁判所民事第20部　御中

記

異議の相手方（再生債権者）　□□□株式会社
民事再生法101条３項に規定する債権

番号	債権の種類	認める額(円)	異議額(円)	異議の具体的理由
8－1	貸付金	20,000,000	20,000,000	債権不存在 すでに弁済された債権である
	利息	356,298	356,298	同上

（注１）　法第102条１項、２項。
（注２）　再生債務者の自認債権に対する異議申立である。

書式番号
71
債権査定申立書

平成12年（再）第○○号

債権査定申立書

〒○○○—○○○○　東京都　区　丁目　番　号
申立人（再生債権者）　□□□株式会社
代表者代表取締役

（送達場所）
〒○○○—○○○○　東京都　区　丁目　番　号
電話
FAX
申立人代理人
弁護士

〒○○○—○○○○　東京都　区　丁目　番　号
相手方（再生債務者）　○○○株式会社
代表者代表取締役　甲　野　太　郎

申立ての趣旨

1　申立人の届け出た売掛金債権（再生債権者受付番号○○）の額を金300万円と、遅延損害金（再生債権者表受付番号○○）の額を金12万3456円及び300万円に対する再生手続開始決定日である平成　年　月　日から完済まで、年15パーセントの割合による金員とそれぞれ査定する。
2　申立費用は相手方の負担とする。
との決定を求める。

申立ての理由

1　当事者
申立人は、食品等の販売を業とする株式会社である（甲１）。
相手方は、頭書事件（以下「本件再生事件」という）の再生債務者である。
2　申立人の再生債権

⑴　申立人は、平成　　年　月　日、再生債務者との間で、下記の内容で売買契約を締結し、同日、引き渡した（甲２）。

売買対象物　　○○社製「……」　　ダース
売買価格　　金300万円
弁済期日　　平成　　年　　月　　日一括払い
弁済方法　　申立人指定口座宛振込送金
遅延損害金　　年15パーセント

⑵　しかし、相手方は、上記約定の弁済期日に代金の支払いをせず、現在まで、売買代金全額及びこれに対する遅延損害金を一切支払わない。

３　再生手続開始決定

相手方は、東京地方裁判所に対し、民事再生手続開始の申立をし、同裁判所は、平成　　年　　月　　日、再生手続を開始する旨決定した。

４　申立人の届出

申立人は、本件再生事件の再生債権届出期間において、上記売掛金300万円及びこれに対する平成　　年　　月　　日から完済まで年15パーセントの割合による遅延損害金について再生債権として届け出た。

５　相手方の否認

ところが、相手方は、申立人の上記届出再生債権について、全額を認めない旨の認否をした。

６　結論

よって、申立人は、相手方に対し、民事再生法105条１項に基づき、申立の趣旨記載の債権内容の査定を求めるため、本申立に及んだ次第である。

証　拠　方　法

甲１　　商業登記簿謄本
甲２　　売買契約書

添　付　書　類

１　　甲号証
２　　委任状

平成　　年　　月　　日

申立人代理人
弁護士

東京地方裁判所民事第20部　御中

（注１）　法第105条１項参照。申立は、再生事件が係属する裁判所に行う。
（注２）　申立書の記載事項については、規則第45条１項、同２項参照。

書式番号
72
査定の裁判に対する異議の訴え

訴　　　　状

平成13年○月○日

東京地方裁判所民事部　御中

原告訴訟代理人弁護士　乙　野　次　郎

〒○○○—○○○○　東京都△△区△△○丁目○番○号
原　　　　　　　　　告　□□商事株式会社
上記代表者代表取締役　丙　野　三　郎

〒○○○—○○○○　東京都○○区××○丁目○番○号
乙野法律事務所（送達場所）
上記訴訟代理人弁護士　乙　野　次　郎
電話　03—○○○○—○○○○
FAX　03—○○○○—○○○○

〒○○○—○○○○　東京都□□区△△○丁目○番○号
被　　　　　　　　　告　○○○○株式会社
上記代表者代表取締役　甲　野　太　郎

査定の裁判に対する異議の訴え
訴訟物の価額　　○○○○円
貼用印紙額　　　　○○○円

第１　請求の趣旨
１　東京地方裁判所が原告の申立に基づき、同裁判所平成○○年（○）第○○○号事件で平成○○年○○月○○日になした決定は取り消す。
２　原告の被告に対する再生債権の額を金1000万円とする。
３　訴訟費用は被告の負担とする。

第２　請求の原因

1　当事者（略）

2　再生債権（略）

3　再生開始決定

原告は上記のとおり、被告に対し金1000万円の再生債権（以下「本件債権」という）を有するところ、東京地方裁判所は、平成○○年○○月○○日午後○時、被告について民事再生手続を開始する旨決定した（東京地方裁判所平成○○年（再）第○○号）。

4　査定の裁判

原告は、平成○○年○○月○○日、上記民事再生事件において、東京地方裁判所に対し、民事再生債権者として本件債権の届出をした。

これに対し、被告は本件債権の全額を認めない旨の認否をした。

そこで、原告は、平成○○年○○月○○日、東京地方裁判所に対し、被告を相手方として査定の申立をしたところ、東京地方裁判所は平成○○年○○月○○日、本件債権の額は金800万円である旨の決定をした。

5　結論

よって、原告は本件債権について、請求の趣旨記載の判決を求めるため本訴を提起する。

証　拠　方　法

附　属　書　類

（注１）　再生債権の査定の裁判に対する不服申立方法である。即時抗告は認められないので、一般の民事訴訟の手続によって行われる。法第106条参照。

（注２）　再生債権の確定に関する訴訟の目的の価額は、再生計画によって受ける利益の予定額を標準として受訴裁判所が定める（規則第46条）。

書式番号
73　再生債権者表

再生債権者表

平成12年（再）第○○○号

再生債務者　（住所）東京都千代田区霞ヶ関○丁目○番○号

（名称）○○○○株式会社　代表者代表取締役　甲　野　太　郎

1　民事再生法99条に規定する記載事項（注１）

(1)　再生債権者の氏名又は名称及び住所 同法101条１項、２項に規定する債権 同法101条３項に規定する債権	 別紙「届出債権」欄記載のとおり 別紙「債権者名及び住所」欄記載のとおり
(2)　再生債権の内容及び原因 同法101条１項、２項に規定する債権 同法101条３項に規定する債権	 別紙「届出債権」欄記載のとおり 別紙「種類及び原因」欄及び「内容（債権額）」欄記載のとおり
(3)　同法101条１項、２項に規定する債権の議決権の額	別紙「議決権額」欄記載のとおり
(4)　同法84条（再生債権となる請求権）２項に規定する請求権 同法101条１項、２項に規定する債権 同法101条３項に規定する債権	 別紙「届出債権」欄又は「その他」欄記載のとおり 別紙「債権の内容及び原因」欄又は「その他」欄記載のとおり
(5)　別除権の予定不足額 同法101条１項、２項に規定する債権 同法101条３項に規定する債権	 再生債権届出書「別除権の予定不足額」欄記載のとおり 別紙「別除権の予定不足額」欄記載のとおり
(6)　執行力ある債務名義又は終局判決のある債権である旨	別紙「その他」欄の記載のとおり
(7)　(1)から(6)までの事項についての変更	別紙「その他」欄及び届出名義等の変更届出書の記載のとおり

2　再生債権の調査の結果

<table>
<tr><td>一般調査期間</td><td colspan="3">平成12年○月○日から○月○日まで（注２）</td></tr>
<tr><td colspan="2">別紙「認否の結果」欄及び「その他」欄（同法101条３項に規定する債権については、別紙「内容（債権額）」欄及び「その他」欄）記載のとおり（ただし、「その他」欄に特記のない限り、再生債務者（管財人が選任されている場合に限る）及び届出再生債権者からの異議はない）</td><td>裁判所
書記官印</td><td></td></tr>
<tr><td></td><td colspan="3"></td></tr>
<tr><td colspan="2">別紙「認否の結果」欄及び「その他」欄（同法101条３項に規定する債権については、別紙「内容（債権額）」欄及び「その他」欄）記載のとおり（ただし、「その他」欄に特記のない限り、再生債務者（管財人が選任されている場合に限る）及び届出再生債権者からの異議はない）</td><td>裁判所
書記官印</td><td></td></tr>
</table>

3　認可された再生計画の条項（注３）

平成12年○○月○○日確定した再生計画の条項は、「再生計画の条項」の記載のとおり	裁判所 書記官印	

（注１）　裁判所書記官は、再生債権者表を作成しなければならず（民事再生法第99条）、再生債権者表には、各債権について、その内容及び原因、議決権の額、別除権の行使によって弁済を受けることができないと見込まれる債権の額（同99条２項、94条２項）の外、再生債務者の氏名又は名称及び住所、再生手続開始後の利息の請求権、再生手続開始後の不履行による損害賠償及び違約金の請求権及び再生手続参加の費用の請求権、執行力ある債務名義又は終局判決のある債権である旨等を記載しなければならない（規則第36条、法84条２項）。また、自認債権については、その内容及び再生債権者の氏名又は名称及び住所、再生債権の原因などを記載することになる（法101条３項、同規則38条２項）。

（注２）　再生債権の調査には一般調査期間及び特別調査期間による調査があるが、裁判所書記官は、再生債権の調査の結果を再生債権者表に記載しなければならない（法第104条、102条及び103条）。

（注３）　再生計画認可の決定が確定したときは、裁判所書記官は、その条項を再生債権者表に記載しなければならない（法第180条）。

民事再生法101条１項及び２項に規定する債権（１/10頁）

受付番号		届出債権				認否の	
		債権者名	種類	内容（債権額）（別除権のある場合はその旨）	議決権額	認める	
						認める額（別除権のある場合はその旨）	議決権額
1	1	○○有限会社	売掛代金	15,000,000	15,000,000	4,000,000	4,000,000
	2		利息	1,500,000	1,500,000	300,000	300,000
	3		遅延損害金	983,605	983,605	327,868	327,868
				額未定（元金15,000,000円に対する開始決定日から完済まで年15%の割合）	0	額未定（元金5,000,000円に対する開始決定日から完済まで年15%の割合）	0
合計（注２）				17,483,605 及び額未定	17,483,605	4,627,868 及び額未定	4,627,868
2	1	株式会社○○銀行	貸付金	20,000,000 別除権	5,000,000	20,000,000 別除権	5,000,000
	2		遅延損害金	986,885 別除権	986,885	986,885 別除権	986,885
				額未定・別除権（元金20,000,000円に対する開始決定日から完済まで年13%の割合）	0	額未定・別除権（元金20,000,000円に対する開始決定日から完済まで年13%の割合）	0
合計				20,986,885 及び額未定	5,986,885	20,986,885 及び額未定	5,986,885

※注１　届出債権者の住所、再生債権の原因は、その他欄に記載のない限り債権届出書と同じである。
※注２　認めない理由の要旨　１　債権不存在、２　手形要件不備、３　民事再生法84条２項に規定する

（注１）　再生計画作成の便宜のため債権者別の確定債権を記載する欄
（注２）　便宜のために債権者毎の合計欄を記載する欄を設けた。
（注３）　その他欄には、再生債権の調査の結果（民事再生法第104条

事件番号　平成12年（再）第○○○号
再生債務者　○○○○株式会社

結果 認めない 認めない額	結果 認めない 議決権額	認めない理由の要旨※注２	認める額（別除権のある場合には元本にかかる別除権予定不足額）（注１）	その他（注３）
11,000,000	11,000,000	1	4,000,000	平成12年○月○日認めない額全額につき取下　確定額4,000,000円
1,200,000	1,200,000	1	300,000	平成12年○月○日認めない額全額につき取下　確定額300,000円
655,737	655,737	1	327,868	平成12年○月○日認めない額全額につき取下　確定額327,868円
額未定（元金10,000,000円に対する開始決定日から完済まで年15%の割合）	0	1		平成12年○月○日認めない額全額につき取下　確定額　額未定（元金5,000,000円に対する開始決定日から完済まで年15%の割合による金員）
12,855,737及び額未定	12,855,737		4,627,868	
0	0		5,000,000	平成12年○月○○日確定不足額5,000,000円と報告
0	0		986,885	平成12年○月○○日確定不足額986,885円と報告
0	0		0	平成12年○月○○日確定不足額509,005円及び元金5,000,000円に対する平成12年○月○日から年13%の割合による金員と報告
0	0		5,986,885	

債権、４　その他欄記載のとおり

を設けた。なお、本例では、再生計画において、開始決定日以降の債権をカットするケースを想定している。

２項）、再生債権の確定に関する訴訟の結果（同110条）などを記載する。

民事再生法101条1項及び2項に規定する債権（2/10頁）

受付番号		届出債権※注1				認否の	
						認める	
		債権者名	種類	内容（債権額）（別除権のある場合はその旨）	議決権額	認める額（別除権のある場合はその旨）	議決権額
3	1	○○株式会社	売掛代金	15,000,000	15,000,000	0	0
	2		遅延損害金	983,430	983,430	483,430	483,430
				額未定（元金15,000,000円に対する開始決定日から完済まで年6％の割合）	0	0	0
合計				15,983,430及び額未定	15,983,430	483,430	483,430
4	1	株式会社○○商事	売掛代金	20,000,000	20,000,000	0	0
	2		遅延損害金	1,124,590	1,124,590	0	0
				額未定（元金20,000,000円に対する開始決定日から完済まで年14％の割合）	0	0	0
合計				21,124,590及び額未定	21,124,590	0	0

※注1　届出債権者の住所、再生債権の原因は、その他欄に記載のない限り債権届出書と同じである。
※注2　認めない理由の要旨　1　債権不存在、2　手形要件不備、3　民事再生法84条2項に規定する

（注1）　再生債権の査定の申立があると（民事再生法第105条1項）、
されない場合は、その裁判の内容を再生債権者表に記載するこ

事件番号　平成12年（再）第○○○号
再生債務者　○○○○株式会社

結　果				
認　め　な　い		認めない理由の要旨 ※注２	認める額（別除権のある場合には元本にかかる別除権予定不足額）	そ　の　他
認めない額	議決権額			
15,000,000	15,000,000	1	15,000,000	平成12年○月○○日認めない額全額を認めると変更 確定額15,000,000円
500,000	500,000	1	983,430	平成12年８月○○日認めない額全額を認めると変更 確定額983,430円
額未定 （元金15,000,000円に対する開始決定日から完済まで年６％の割合）	0	1		平成12年８月○○日認めない額全額を認めると変更　確定額　額未定（元金15,000,000円に対する開始決定日から完済まで年６％の割合）
15,500,000 及び額未定	15,500,000		15,983,430	
20,000,000	20,000,000	1	5,000,000	平成12年○月○○日査定申立て(注１) 平成12年○○月○日認めない額のうち5,000,000円を認めると変更 確定額5,000,000円 平成12年○○月○日認めない額全額につき取下
1,124,590	1,124,590	1	624,000	平成12年○月○○日査定申立て 平成12年○○月○日認めない額のうち624,000円を認めると変更 確定額624,000円 平成12年○○月○日認めない額全額につき取下
額未定 （元金15,000,000円に対する開始決定日から完済まで年14％の割合）	0	1	0	平成12年○月○○日査定申立て 平成12年○○月○日認めない額のうち325,800円を認めると変更 確定額325,800円 平成12年○○月○日認めない額全額につき取下
21,124,590 及び額未定	21,124,590		5,624,000	

債権、４　その他欄記載のとおり

債権の存否及びその内容を定める（査定の）裁判があるが（同条３、４項）、当該裁判に対する訴えが提起
とになる（民事再生法第110条）。

再生債権者名（受付番号２）　株式会社○○銀行 (注１)

民事再生法101条１項及び２項に規定する債権（１/１頁）

債権番号		届出債権※注1			認否の	
		種類	内容（債権額）（別除権のある場合はその旨）	議決権額	認める 認める額（別除権のある場合はその旨）	議決権額
1	1	貸付金	20,000,000（別除権）	5,000,000	20,000,000（別除権）	5,000,000
	2	遅延損害金	986,885（別除権）	986,885	986,885（別除権）	986,885
			額未定（別除権）（元金20,000,000円に対する開始決定日から完済まで年14％の割合）	0	額未定（別除権）（元金20,000,000円に対する開始決定日から完済まで年14％の割合）	0
合計			20,986,885 及び額未定	5,986,885	20,986,885 及び額未定	5,986,885

※注１　届出債権者の住所、再生債権の原因は、その他欄に記載のない限り債権届出書と同じである。

※注２　認めない理由の要旨　１　債権不存在、２　手形要件不備、３　民事再生法84条２項に規定する

（注１）　再生債権者表の作成にあたり、再生債務者が提出した再
る方法もある。

事件番号　平成12年（再）第○○○号
再生債務者　○○○○株式会社

結果			認める額（別除権のある場合には元本にかかる別除権予定不足額）	その他
認めない		認めない理由の要旨 ※注２		
認めない額	議決権額			
0	0		5,000,000	平成12年○月○○日確定不足額5,000,000円と報告
0	0		986,885	平成12年○月○○日確定不足額986,885円と報告
0	0		0	平成12年○月○○日確定不足額509,009円及び元金5,000,000円に対する平成12年○月○○日から年14％の割合による金員と報告
0	0		5,986,885	

債権、４　その他欄記載のとおり

生債権認否書を別紙として用いる方法のほか、本書式のように個別の再生債権者毎に再生債権者表を作成す

書式番号 74 届出債権の名義変更届出書

平成12年（再）第○○号

〒○○○○—○○○
東京都千代田区霞ヶ関○丁目○番○号
再生債権者　○○株式会社
右代表取締役　甲野　太郎

再生債権名義変更届出書

御庁平成12年（再）第○○号再生手続開始申立事件につき、代位弁済により下記再生債権を取得し、名義人に変更を生じましたので届出致します（注２）。

記

旧再生債権者　東京都千代田区霞ヶ関△丁目△番△号
△△株式会社
新再生債権者　東京都千代田区霞ヶ関○丁目○番○号
○○株式会社
取得した権利
金○○○万円也
但し、△△株式会社が、平成12年○月○日付けをもって、御庁へ届け出た再生債権（届出番号第○○号）
取得年月日及び取得原因
平成12年○月○日　代位弁済

添　付　書　類

保証委託契約書（写）　１通
代位弁済金領収書（写）　１通

東京地方裁判所民事第20部　御中

（注１）すでに届出がされた再生債権を取得した者は、届出期間が経過した後でも、届出名義の変更を受けることができる（法96条）。

（注２）届出名義の変更の届出書の記載事項及び添付書類（規則35条参照）。届出名義の変更は、議決権者の変更にあたるので、債権者集会招集決定後に名義変更が行われた場合、変更議決票の発行を受けることが必要である。

書式番号 75　中小企業者に対する弁済の許可申請

平成12年（再）第○号民事再生手続開始申立事件

（監督委員意見）
下記弁済を許可されるのが相当と思料します。
平成12年○月○日
監督委員　弁護士　△　△　△　△　印

平成12年○月○日（注１）

東京地方裁判所民事第20部　御中

申立人（再生債務者）　○○○○株式会社
上記申立人（再生債務者）代理人
弁護士　乙野次郎　㊞

民事再生法85条２項による弁済の許可の申立（注２）

1　申立ての趣旨

再生債務者は、再生債権者のうち下記の者から民事再生法85条２項の申立をすべきことを求められたので（注３）、その債権額の２分の１について、同法85条２項による債務弁済の許可を得たく、申し立てる。

記

債権者名　株式会社▽▽工業
所　　在　東京都▽区▽町▽丁目▽番
債 権 額　金○○○万円（再生債権金○○○○万円の２分の１）

2　申立の理由

申立外株式会社▽▽工業（以下、「債権者▽▽工業」という。）は、建築工事の請負等を目的とする株式会社である。債権者▽▽工業は、再生債務者を主要な取引先としている中小企業であり、上記債務の弁済を受けなければ、事業の継続に著しい支障を来すおそれがあるばかりか、連鎖倒産するおそれが強い。

すなわち、債権者▽▽工業は、年間売上高が▽▽▽▽万円、従業員が▽名の株式会社であり、昭和○年以来、一貫して再生債務者の下請業者として受注をおこなってきた会社であり、現在でも、全売上高の約40パーセントが、再生債務者からの受注工事によっている。ところが、現在、債権者▽▽工業は、民事再生法85条１項により、再生会社に対して有する金○○○○万円の再生債権の支払いを受けられない状態にある。

一方、債権者▽▽工業は、平成12年○月○日には、従業員への給料や外注工事費の支払いのために約金○○○○万円の資金が必要であるところ、債権者▽▽工業には、自力で上記資金の全額を調達する余裕はなく、○○○万円程度の運転資金がショートすることが予測され、再生債権の一部である金○○○万円の支払いがなければ、連鎖倒産を免れない状況にある。

現在、債権者▽▽工業は、再生債務者より受注した合計○件の現場工事を施工している。債権者▽▽工業が、上記決済をできない場合には、債権者▽▽工業において今後継続して職人を集めることは困難となり、上記合計○件の工事は停止し、債権者▽▽工業のみならず、再生債務者にとっても、上記合計○件の工事代金の支払いを受けることができなくなるおそれがある。

再生債務者は、債権者▽▽工業から、平成12年○月○日に、中小企業者に対する弁済の許可を申し立てるよう求められたことを受けて、債権者▽▽工業と協議したところ、債権者▽▽工業からは、「再生債権額の２分の１について支払いがなされれば、事業継続が可能となり、工事も責任をもって継続し完成させる。」旨の誓約を受けた。

再生債務者の資金繰りは、添付資料に記載のとおりであり、債権者▽▽工業に対して、再生債権の一部である金○○○万円の支払いをおこなっても、事業の運営は可能な状態である。

よって、上記再生債権額のうち２分の１にあたる金○○○万円の弁済をすることの許可を求めて、上記申請に及ぶ。

添　付　資　料

１　債権者▽▽工業からの要望書　１通
２　再生債務者からの発注書　　　▽通
３　請求書　　　　　　　　　　　▽通
４　債権者▽▽工業の貸借対照表　１通
５　債権者▽▽工業の損益計算書　１通
６　債権者▽▽工業の誓約書　　　１通
７　再生債務者の資金繰り表　　　１通

以上

（注１）　認可決定確定前（法85条２項）に申し立てる。
（注２）　法85条２項（中小企業者への弁済許可）に基づく許可申立である。
（注３）　再生債権者から本申立をすべきことを求められたときはその旨を裁判所に報告する必要がある（法85条４項）。

書式番号 76　中小企業者に対する弁済の依頼書

平成12年○月○日（注１）

再生債務者　○○○○株式会社
代表取締役　甲野太郎　殿

〒×××-××××
東京都千代田区霞ヶ関△丁目△番△号
再生債権者　　××××株式会社
代理人弁護士　丁野　三郎
電話　03—××××—××××
FAX　03—××××—××××

弁済許可申請の依頼書（注２）

下記の理由により、金2000万円を××××株式会社に対し支払うことを内容とする、民事再生法85条２項に基づく弁済許可の申立てを裁判所にして頂けるようお願いします。（注３）

記

１、再生債権者××××株式会社（以下「当社」と言う。）は、建築工事の請負、大工工事の請負等を目的とする株式会社です。

２、当社は、年間売上高が約７億3000万円、従業員が14名の株式会社ですが、昭和42年以来、一貫して再生債務者（以下「御社」と言う。）の下請業者として今日に至っており、現在御社からの受注工事が売上高の約79％を占めています。

ところで、現在、当社は、民事再生法85条１項本文により、御社から金１億2000万円余りの再生債権の支払を受けられなくなっております。

３、一方、当社は資材費支払のために、御社振出しにかかる、本年２月20日満期の額面額合計2500万円の約束手形を資材業者へ裏書譲渡しています。しかし、民事再生法85条１項本文により、御社はこれらの手形を決済しておりません。

当社は、上記手形決済に加えて、本年２月22日には、従業員への給料や外注工事費支払のために約1500万円程度の資金を必要としています。

当社には、自力で上記資金全額を調達する余裕がなく、このままでは、2000万円程度の運転資金がショートし、連鎖倒産を免れない状況にあります。

４、現在、当社は御社より受注した合計８件の現場施工を継続しておりますが、御社振出にかかる上記手形の譲渡先は全て資材業者であり、当社が同手形を買い戻し得ないと、資材の供給を停止され、工事が著しく遅延することが予想されます。又、当社のその余の支払の大半は、大工及び職人に対する手間賃等の労務費です。即ち、同支払が出来なければ今後継続して職人を集めることが困難となり、当社のみならず御社にも約４億円の工事代金の支払が受けられなくなるという損害が生じることが予想されます。

５、当社は、御社からの受注工事が売上高の約79％を占め、御社に対する事業依存度が極めて高く、代表者及び従業員共に今後も御社の再建に協力していくつもりです。又、前述する様に、当社の支払額の大半は大工及び職人に対する手間賃などの労務費であり、上記棚上債権もその性質は労務費と目されるべきものです。

６、以上の事情を御賢察頂き、御社の損失を回避しつつ、当社の連鎖倒産を防止するために、金2000万円を当社に支払うことを内容とする、民事再生法85条２項に基づく申立てを裁判所にして頂けるよう宜しくお願い申し上げます。

疎　明　書　類

１、決算報告書　　1通

２、会社商業登記簿謄本　　1通

（注１）　認可決定確定前（法85条２項）に要望する。

（注２）　法85条２項（中小企業者への弁済許可）を促す要望書である。

（注３）　再生債権者から本申立をすべきことを求められたときは、再生債務者は、その旨を裁判所に報告する必要があるとされている（法85条４項）。

書式番号
77
中小企業債権の弁済許可手続請求の報告書

平成12年（再）第○○○号

東京地方裁判所民事第20部

合議係　御中

再生債務者　○○○○株式会社

申立代理人弁護士　乙野　次郎

報　　告　　書
（中小企業債権の弁済許可手続請求の件）

上記頭書事件につき、平成○○年○○月○○日、再生債務者は、再生債権者××××より、別紙依頼書記載のとおり民事再生法85条２項に基づいて金2000万円を弁済することの許可を申し立てるように請求を受けました。

しかし、別紙資金繰り表記載のとおり、再生債務者には現在再生債権者××××に金2000万円を弁済するだけの資金的余裕はありません。従って、民事再生法85条２項に基づく弁済許可の申立をしないことと致しましたので、その旨御報告いたします。

添　付　書　類

１　弁済許可申請の依頼書　１通

書式番号
78
少額債権の弁済の許可申請

平成12年（再）第○号民事再生手続開始申立事件

（監督委員意見）
下記１及び２の弁済を許可されるのが相当と思料します。
平成12年○月○日
監督委員　弁護士　△　△　△　△　印

平成12年○月○日（注１）

東京地方裁判所民事第20部　御中

申立人（再生債務者）　○○○○株式会社

上記申立人（再生債務者）代理人

弁護士　乙野　次郎　㊞

少額債権弁済許可申請（民事再生法85条５項）（注２）

第１　申立ての趣旨

再生債権のうち、下記債権を弁済することについて、許可を求める。

記

１　別紙１「少額債権一覧」の「債権者名」欄記載の再生債権者に対し、各「債権額」欄記載の債権額

２　別紙２「放棄による少額債権一覧」の「債権者名」欄記載の再生債権者に対し、各100万円

第２　申立の理由

別紙１「少額債権一覧」記載の再生債権者は、債権額が100万円以下の債権者である。その数は、○○名で債権の合計額は○○、○○○、○○○円である。また、別紙２「放棄による少額債権一覧」記載の再生債権者は、100万円の支払いを受けることにより100万円を超える額について債権放棄することを申し出ている債権者である。その数は、○○名で放棄後の債権の合計額は○○、○○○、○○○円である。

再生債務者の再生債権者の数は合計で約○○○件であるが、上記弁済をおこなえば債権者数は約○○件となり、大幅に手続の簡素化が図られる。他方、再生債権の総額は約○○億円であるが、上記弁済をする債権額は全体の0.8パーセントに過ぎず、これを弁済しても、他の再生債権者への弁済額には、ほとんど影響しない。再生債務者の資金繰り上も、上記の通り弁済することは可能である(注３)。

よって、上記申請に及ぶ。

以上

（注１）　認可決定確定前（法85条５項）に申し立てる。
（注２）　法85条５項（少額債権の弁済許可）に基づく許可申立である。
（注３）　監督委員の同意があれば、添付資料は不要である。

書式番号
79
債権放棄兼少額債権の弁済の請求書

平成　　年　　月　　日

株式会社○○○○
　代表取締役　○○○○　殿

債権者　住　所　〒
　　　　氏　名
　　　　電　話
　　　　担当者

当社（私）は、少額債権として10万円の支払を受けた場合には、株式会社○○○○に対して有する下記債権等一切の債権のうち残額については、債権放棄します。つきましては、10万円について、少額債権として支払を求めます。

送金先の表示

金融機関名		支 店 名	支店
口座の種類	普通・当座	口座番号	
フリガナ			
口座名義人			

債権の表示

番号	債　権　の　種　類（手形、売掛金等）	債　権　額	明　　細	備　　考

注１　少額債権（10万円）として残す部分（すなわち放棄しない部分）を指定する場合は、その旨備考欄に記載して下さい。特に指定のない場合、番号の若い順に、同番の場合発生日の早い順に、10万円に達するまでの部分を残し、その他を放棄したものと扱います。
注２　債権の記載の欄が不足するときは、別の用紙に記載して下さい。
注３　手形の原本、請求書等、債権内容がわかる書類を添付して下さい。

（注１）　再生債務者は、再生手続開始決定後再生計画認可決定の確定前は、裁判所の許可を得て少額の再生債権を弁済することができる（法85条５項）。
　再生債務者は、保全処分決定後再生手続開始決定前は、保全処分決定において弁済禁止の対象から除外された少額債権を随時弁済することができる。
　上記の債権放棄の申出書兼少額債権の支払請求書は、再生手続開始決定前・後のいずれの場合にも使用することができる。

書式番号
80
少額債権等弁済の報告書（規則85条）

平成12年（再）第　号民事再生手続開始申立事件

平成　年　月　日

東京地方裁判所民事20部御中

申立人　株式会社○○○○
上記申立人代理人
弁護士　乙野　次郎
電話　03—○○○○—○○○○
FAX　03—○○○○—○○○○

報　告　書
（弁済した再生債権等について）

1　裁判所の許可を得て支払った再生債権等は別紙１、２のとおりですので、ご報告いたします。
2　再生債権者のうち、再生債務者の在外資産に対して権利行使をした者及びその額は別紙３のとおりですので、ご報告いたします。

以上

（別紙１　法85条２項によるもの）

債権者名	支払許可年月日	債権の種類	支払日	支払額
株式会社中小	平成12年４月30日	売掛金	平成12年５月１日	1,000,000
△△株式会社	平成12年４月30日			

（別紙２　法85条５項によるもの）

債権者名	支払許可年月日	債権の種類	支払日	支払額
株式会社○○	平成12年４月30日	売掛金	平成12年５月１日	10,000

（別紙３　法89条１項に規定する再生債権）

債権者名	在外資産の所在国	在外資産の種別	権利行使日	弁済額(回収額)
○○不動産㈱	アメリカ	不動産	年　月　日	100万ドル
㈱○○○	タイ	機械	年　月　日	
○○株式会社	アメリカ	預金	年　月　日	3000万ドル

（注１）　規則85条／法85条２項、５項／法89条１項。

書式番号
81
相殺通知

相殺通知書

前略　貴社の再生手続（平成12年（再）第○○号）にかかる通知人○○○○株式会社の再生債権につき、同社を代理して御通知申し上げます。

通知人の貴社に対する下記１の再生債権は、すでに弁済期が到来しておりますので(注２)、貴社の通知人に対する下記２の債権と対当額で相殺いたします。

１　金○○○○円

ただし、通知人が貴社に対し、平成○年○月○日、弁済期を平成×年×月×日、利息年○○パーセント、遅延損害金年○○パーセントの約定で貸し渡した金○○○○円の残元金××××円及びこれに対する平成××年××月××日から平成△△年△△月△△日まで年○○パーセントの割合による遅延損害金××××円の合計

２　金△△△△円

ただし、貴社が通知人に対し、平成△年△月△日付け売買契約に基づき、平成△年△月△日から同年△月△日までの間に売り渡した○○等の売買代金債権

以上御通知申し上げます。　草々

平成12年○月○日

東京都千代田区神田小川町○丁目○番○号
甲野法律事務所
弁護士　甲野太郎
電話　03―○○○○―○○○○
FAX　03―○○○○―○○○○

千代田区霞が関×丁目×番地×号
○○○○株式会社
上記代表者代表取締役　○○○○　殿(注３)

（注１）　民事再生手続の場合、相殺に期間制限があり、再生債権の届出期間の満了前に相殺に適するようになったとき、その期間内に限り、相殺をすることができる（92条１項後段）。

（注２）　破産法17条のような現在化の規定がなく、自働債権の弁済期が届出期間の満了前に到来していることが必要。

（注３）　通知の相手方は、原則として再生債務者（38条１項）。
ただし、管財人が選任されている場合には管財人（66条）、保全管理人が選任された場合は保全管理人（81条１項）。

書式番号 82　競売手続に関する中止命令の申立書

平成12年（再）第○号

競売手続中止命令の申立

〒○○○―○○○○
東京都千代田区霞が関○丁目○番○号
申立人(再生債務者)　○○○○株式会社
代表者代表取締役　　甲　野　太　郎

〒△△△―△△△△
東京都千代田区霞が関△丁目△番△号
申立代理人弁護士　乙　野　次　郎
電話番号　03―○○○○―○○○○
FAX番号　03―○○○○―○○○△

〒○○○―○○○○
東京都新宿区新宿×丁目×番×号
相手方（競売申立人）　△△△株式会社
代表者代表取締役　　丙　村　三　郎
電話番号　03―○○○○―○○○○
FAX番号　03―○○○○―○○○△

申立ての趣旨

相手方が、申立人に対し有する別紙担保権・被担保債権・請求債権目録記載の担保権に基づき、別紙物件目録記載の不動産に対して行った東京地方裁判所平成○年（ケ）第○○号不動産競売申立事件に基づく競売手続は中止する
との決定を求める。

申立ての理由

1　申立人は、平成12年○月○日御庁に対し、再生手続開始申立をなし、これが受理され（平成12年（再）第○号)、同月○日御庁から保全処分及び監督命令の発令を得た。

2　相手方は、別紙担保権目録記載の抵当権に基づき、別紙物件目録記載の不動産（以下、本件不動産という）に対し競売の申立をなし、平成12年○月○日東京地方裁判所より競売開始決定を得るにいたり（東京地方裁判所平成12年（ケ）第○○号事件。以下、本競売手続という。）（甲１）、差押登記がなされている（甲２）。

3　本件不動産は、本社としての機能とともに、申立人の主力建設機械を保管する倉庫、関東方面における営業所兼従業員宿舎として用いられており、今回の再生計画を履行するうえでも、極めて重要な役割を有し、もし本件不動産が競売されるとなれば、再生手続の過程で重大な障害となる。

他方、本競売手続が中止されれば、再生債務者は相手方との交渉を行う時間的余裕を得、相手方との間で別除権の処理について合意に達することができる見込みである。その場合、実現可能な再生計画の立案が可能となるところ、立案予定の再生計画は、破産の場合より高い配当を実現できるので、一般の利益にも適合する。

4　相手方は、本件不動産以外にも、別紙担保物明細記載の物件に担保を有しておりこれによる回収見込額は同明細記載のとおりである。
従って、本競売手続を中止しても、相手方は債権全額を回収することが可能であり、相手方に不当な損害を及ぼすおそれはない。

5　以上のとおり、再生手続の円滑な遂行のため、申立の趣旨記載の裁判を求め、本申立に及んだ次第である。

添　付　書　類

甲１	不動産競売開始決定正本写し	１通
甲２	不動産登記簿謄本	２通
甲３	報告書	１通

平成12年○月○日

申立人代理人
弁護士　乙　野　次　郎

東京地方裁判所民事第20部御中

（注１）　法31条。
（注２）　東京地裁においては、競売手続に関する中止命令を発令する場合であっても、中止する期間は、再生計画案決議のための債権者集会までとする運用である。

書式番号
83
担保権消滅許可申立書

平成12年（再）第○号

担保権消滅許可申立書

当　事　者　別紙当事者目録記載のとおり（略）
目的不動産　別紙物件目録記載のとおり（略）
担　保　権
被担保債権 ｝別紙担保権・被担保債権目録記載のとおり（略）

申立ての趣旨

申立人が、裁判所に対し、金１億円を納付したときは、相手方らのために前記目的不動産に設定されている前記担保権・被担保債権目録記載の担保権を消滅させるとの許可を求める。

申立ての理由

1　申立人は、平成12年○月○日、御庁に対して再生手続開始の申立てを行い、平成12年○月○日、再生手続開始決定を受けた。

2　申立人は、前記目的不動産を上記再生手続開始決定当時所有しており、現在も所有しているが、前記目的不動産には、相手方らの前記被担保債権のために前記担保権が設定されている（甲１及び２）。

3　前記目的不動産は、申立人の主力建設機械を保管する倉庫、資材置場、関東方面における営業所兼従業員宿舎として用いられており、申立人の事業の継続にとって欠くことのできないものである（甲６及び７）。もし、前記目的不動産に設定されている前記担保権が実行された場合、申立人の事業継続は著しく困難となり、ひいては、再建計画に沿った弁済も、ままならぬこととなる。

4　他方、申立人の営業に対しては、丙野産業株式会社が、スポンサーとしてつくこととなり、申立人の営業に必要な新規貸付金１億円を申立人に対し提供する予定である。そして、丙野産業株式会社は、同貸付金の担保として、前記目的不動産に対する抵当権設定を求めている（甲７）。したがって、丙野産業株式会社による営業支援を受け、申立人の再建を軌道にのせるためには、前記担保権を適正な対価にて消滅せしめる必要がある。

5　前記目的不動産の市場取引価格は、不動産業者による意見書及び鑑定書によれば、金１億円が相当であるとのことである（甲４及び５）。

6　よって、申立人は、民事再生法148条１項に基づき、申立人が金１億円を納付したときに別紙担保権・被担保債権目録記載の担保権を消滅させることの許可を申し立てる。

疎　明　方　法

甲１　建物登記簿謄本
甲２　土地登記簿謄本
甲３　固定資産評価額証明書
甲４　意見書
甲５　鑑定書
甲６　写真撮影報告書
甲７　陳述書

平成12年○月○日

申立代理人弁護士　乙　野　次　郎　㊞

東京地方裁判所民事第20部　御中

（注１）　法148条に基づく申立てである。
（注２）　当該物件にかかるすべての担保権について消滅を求める必要があり、一部の担保権のみを対象とすることは許されない。
（注３）　申立の方式→規則70条
（注４）　添付書面→規則71条
（注５）　担保権者全員分の副本を提出する（規則72条１項）。

書式番号 84　担保権消滅許可決定

平成13年（モ）第○○号担保権消滅許可申請事件
（基本事件　平成12年（再）第○○号）

決　　　定

当事者の表示　　別紙当事者目録記載のとおり

主　　　文

申立人が、平成○年○月○日付け担保権消滅の許可申立書添付の物件目録記載の各不動産の価額に相当する金銭を裁判所に納付して、同各不動産の上に存する同申立書添付の担保権・被担保権目録記載の担保権を消滅させることを許可する。

理　　　由

審尋の結果によれば、平成○年○月○日付け担保権消滅の許可申立書添付の物件目録記載の各不動産は、申立人の事業の継続に欠くことのできないものであることが認められる。
よって、主文のとおり決定する。

平成13年○月○日
東京地方裁判所民事第20部
裁判長裁判官　○○○○
裁判官　○○○○
裁判官　○○○○

（注）法148条１項に基づく決定である。

書式番号 85　価額決定請求書

平成12年（再）第○○○号

価額決定請求書

当事者の表示　別紙当事者目録のとおり（略）
財 産 の 表 示　別紙財産目録記載のとおり（略）

1　申請の趣旨
別紙財産目録１及び２記載の各不動産についてその価額の決定を求める。

2　申請の理由
(1)　請求人は、別紙財産目録１及び２記載の各不動産に対し、下記担保権（抵当権）を有している（添付書類１及び２）。

記

担　保　権　平成○○年○○月○○日設定の抵当権
○○地方法務局　平成○○年○○月○○日受付第○○○○号
被担保債権　元　本　金２億円
ただし、平成○○年○○月○○日の金銭消費貸借契約に基づく貸付金　３億2000万円の残金
損害金　上記元本に対する平成○○年○○月○○日から完済まで年14.5パーセントの割合による損害金

(2)　平成○○年○○月○○日、申請人は別紙財産目録１及び２記載の各不動産に対する担保権消滅の許可決定書及び同申立書の送達を受けた（添付書類３及び４）。
同決定書及び申立書によれば、別紙財産目録１記載の土地の価額は金5000万円、同２記載の建物の価額は金5000万円が相当であるとのことである。

(3)　しかし、○○信託銀行不動産部の行った不動産価額調査によると、平成○○年○○月○○日現在の別紙財産目録１記載の土地の価額は金7000万円、同目録２記載の建物の価額は金7000万円との評価である（添付書類５）。

(4)　よって、申請人は、担保権消滅の許可決定書及び同申立書記載の価額は低廉に過ぎ、異議があるので、民事再生法第149条第１項に基づき、申請の趣旨記載の裁判を求める。

添付書類
1　土地登記簿謄本
2　建物登記簿謄本
3　担保権消滅の許可決定書
4　担保権消滅の許可申立書写し
5　調査報告書
6　陳述書

平成12年○○月○○日
申請人代理人弁護士　丙　野　三　郎　㊞

東京地方裁判所　民事第20部　御　中

（注１）　法149条に基づく請求である。
（注２）　担保権者は、担保権消滅許可申立書の送達を受けた日から１か月以内に請求しなければならない。
（注３）　費用の予納が必要（同条４項）。
（注４）　申立の方式→規則75条

書式番号 86　価額決定に対する即時抗告の申立書

平成12年（再）○○号

即時抗告申立書

東京高等裁判所　御中

平成12年○月○日

抗告人代理人弁護士　○○○○

当事者の表示　別紙当事者目録記載のとおり（略）

抗 告 の 趣 旨

1　頭記事件につき、東京地方裁判所が平成12年○月○日になした価格決定を取り消す

2　別紙物件目録記載土地の価格を金○○万円とする

との決定を求める。

抗 告 の 理 由

1　抗告人は、平成12年○月○日、東京地方裁判所に対し、再生債務者○○○○株式会社（以下「再生債務者」という）がなした担保権消滅の許可申立(注1)に際し、申立書に記載された別紙物件目録記載の土地（以下、「本件土地」という。）の申出額金○○万円(注2)について異議があるので、価額決定請求をした(注3)。

2　これに対し、東京地方裁判所は、平成12年○月○日、金○○万円という価額決定の裁判をした(注4)。

3　しかし、本件土地の実際の価格は金○○万円は下らず（甲1）、原決定の金額は低廉に過ぎ明らかに不当である。（以下、略）

4　よって、抗告の趣旨記載の決定(注5)を求め、本抗告をする。

添 付 書 類

1　委任状

2　資格証明書

3　不動産登記簿謄本

4　甲号証写

（注1）　法148条1項

（注2）　消滅許可請求の申立に際しては、申立書に担保物件の評価額を記載する必要がある（法149条2項2号）。許可決定があった場合、担保権者に対し決定書とともに申立書が送達される（同条3項）。

（注3）　申出額に異議のある担保権者は、価格決定の請求をする（法149条1項）。

（注4）　法150条2項

（注5）　法150条5項

書式番号 87　別除権者との協定書（その１）

担保権に関する協定書

株式会社○○銀行（以下、「甲」という。）と○○○○株式会社（以下、「乙」という。）は、乙の東京地方裁判所平成12年（再）第○号再生手続開始申立事件（以下「本件再生手続」という。）につき、甲乙間の従前の法律関係を変更することについて、本日、次のとおり合意した。

第１条（協定書の趣旨）
甲と乙は、本件再生手続の開始決定後の日である平成12年○月○日現在（以下「本件基準日」という。）で、甲が乙に対して有する貸付金債権（以下、「本件貸付金」という。）に関する別紙担保物件（以下、本件担保物件という。）の処理につき、必要な合意を行う。
第２条（担保物件の評価）
甲と乙は、協議の上、本件基準日現在における本件担保物件の価額について別紙記載の各記載評価額をもって評価するものとする。
第３条（継続使用物件）
本件担保物件のうち、乙が継続使用のために選別した別紙担保物件のうち番号１及び２の物件（以下「継続使用物件」という。）については、乙が本協定書記載の義務を履行しない場合を除き、甲は乙による継続使用物件の使用継続について異議を述べず、担保権実行をしない。
第４条（別除権の弁済）
乙は、甲に対して、継続使用物件について、第２条によって評価された継続使用物件についての評価額（以下「評価額」という。）を、乙についての認可決定の確定した日から１年を経過した日の属する年の末日を第１回支払日とし、以下、同一の応答日にて、翌年、翌々年、翌々々年の各末日限り、４年間にわたって、均等に分割して、甲指定の口座に送金して支払う。
第５条（完済した場合の担保解除）
乙が第４条記載の条件に従って、同条記載の金額を完済した場合、甲は、継続使用物件についての担保権の設定を解除する。

第６条（担保物件の任意売却）

別紙担保物件３及び４については、これを任意に売却するものとし、本件貸付金の一部に充当することとする。この場合、乙が当該物件を任意売却するに当たっては、第２条によって評価された担保物件の価格又はそれを上回る価格で売却できるよう可能な限り配慮しなければならない。

甲は、当該売却によって得られた金額の支払いを受けるのと引換に当該担保物件の担保登記登録等を解除する。

第７条（担保物件の売却の追加）

甲と乙は、本協定書締結後、継続使用物件のうち継続使用の必要性が消滅した物件については、協議の上、これを任意に売却することを決定することができる。

第８条（別除権評価を下回る価格で物件を売却した場合の処理）

本件物件を任意売却した結果、第２条の評価額の合計を下回る価格でしか売却できなかった場合、その下回った差額金額については、再生計画上の一般債権の条件に従って、返済をおこなうものとする。

第９条（別除権評価を上回る価格で物件を売却した場合の処理）

本件物件を任意売却した結果、第２条の評価額の合計を上回る価格で売却できた場合、その上回った差額金額については、乙はこれを甲に支払う。

第10条（再生計画についての同意）

甲は、本件再生手続の債権者集会において、再生計画に賛成する。

第11条（再生債権の額）

本協定書は、甲が乙の本件再生手続の債権者集会において行使する再生債権の額について、取り決めることを目的とするものではない。

第12条（営業活動の支援）

甲は、乙の再建、及びその営業活動を支援し、本件再生手続の進行に協力するものとする。

第13条（停止条件）

本協定書は、監督委員の同意（再生裁判所の許可）を条件として効力が生じる。

平成12年〇月〇日

甲

乙

（注１）　別除権者は、再生手続によらず、別除権を行使できるが（法53条１項）、本協定は、合意により別除権行使を制限するものである。

書式番号88　別除権者との協定書（その２）

協　定　書

　別除権者株式会社〇〇銀行（以下、「甲」という）と再生債務者株式会社〇〇〇〇（以下「乙」という）とは、乙の東京地方裁判所平成12年（再）第〇号民事再生手続開始申立事件（以下「本事件」という）につき、以下のとおりの協定を取り交わす。

第１条（債権債務の確認）
　　甲と乙は、甲の乙に対する債権が、下記のとおりであることを相互に確認する。

記

(1)　平成〇〇年〇月〇日付金銭消費貸借契約書に基づく債権
　　　貸付金元金　　金〇〇、〇〇〇、〇〇〇円
　　　利　　　息　　　　金〇〇、〇〇〇円
　　　遅延損害金　　　金〇〇〇、〇〇〇円
　　　開始決定以後の損害金　　　額未定
(2)　平成〇〇年〇月〇日付金銭消費貸借契約書に基づく債権
　　　貸付金元金　　金〇〇、〇〇〇、〇〇〇円
　　　利　　　息　　　　金〇〇、〇〇〇円
　　　遅延損害金　　　金〇〇〇、〇〇〇円
　　　開始決定以後の損害金　　　額未定

第２条（不動産担保の確認）
　　甲と乙とは、第１条に定める債権について、別紙物件目録記載の不動産に別紙の別除権の内容のとおり設定・登記されていることを相互に確認する。

第３条（別除権及び不足額の確認）
　　甲と乙は、別紙物件目録記載の不動産の時価評価額が、金〇〇〇、〇〇〇、〇〇〇円であり、別紙別除権及び不足額一覧表のとおり、甲の別除権の価額が金〇〇、〇〇〇、〇〇〇円、同不足額が金〇〇、〇〇〇、〇〇〇円であることを相互に確認する[注1]。

第４条（別除権の変更登記）
　　甲は、別紙物件目録記載の不動産について、下記のとおり、変更する登記を行うものとする。但し、登記費用は、乙の負担とする。

記

　　極度額を金〇〇、〇〇〇、〇〇〇円から、金〇〇、〇〇〇、〇〇〇円に減額する。

第５条（弁済の合意）
　　甲は、下記のとおりの債権の弁済に関する乙の提案を受け、同提案を受諾する。

記

　　第１順位担保権者（丙）①　被担保債権金〇〇、〇〇〇、〇〇〇円の〇〇パーセントを〇

年分割で年○○○、○○○円

② ①の残債権の支払いについては、○年後に甲乙協議するものとする。

第2順位担保権者（甲）
① 被担保債権のうち、別除権額である金○○、○○○、○○○円の○○パーセントを○年分割で年○○○、○○○円

② ①の別除権額の残額の支払については、○年後に甲乙協議するものとする。

③ 被担保債権のうち、別除権不足額金○○、○○○、○○○円については、再生債権として、再生計画により弁済する。

第3順位以下の担保権者（丁、戊）
① 被担保債権全額を再生債権として、再生計画により弁済する。

第6条（担保権の抹消）

1　甲と乙は、第5条の支払いにより、甲が別除権額の全額の弁済及び再生計画に従った弁済を受けたときは、担保権が消滅することを確認する（注2）。

2　前項の場合、甲は、直ちに、担保権の抹消登記手続をしなければならない。但し、その費用は、乙の負担とする。

第7条（担保権不行使）

甲は、第5条に定める弁済の合意に従った支払いが行われることを条件として、第4条により変更登記を経た別除権を行使しない。

第8条（解除条件）

甲と乙は、本協定書を、本事件につき再生計画認可決定の効力が生じないことが確定すること、再生計画不認可決定が確定すること、または再生手続廃止決定がなされることを解除条件として締結する。

第9条（停止条件）

本協定書は、監督委員の同意（再生裁判所の許可）を条件として、効力が生じる。

平成12年○月○日

甲

乙

（注1）　別除権者は、別除権予定不足額について、再生債権者として議決権を行使できるが（民事再生法第88条）、予定不足額が確定しない間は、再生計画による弁済を受けることはできない（民事再生法第182条）。

この条項は、その予定不足額を協定により確定するものである。

（注2）　再生債務者が別除権目的物を協定に従った弁済によって別除権者から受け戻す条項であるが、受戻しには監督員の同意か裁判所の許可が必要となる（民事再生法第54条2項、第41条1項9号）。また、この条項は、別除権者の再生債務者に対する全ての債権が別除権により担保されているという解釈を前提としている。

書式番号 89 別除権者との協定書（その３）

協　定　書

別除権者株式会社○○銀行（以下、「甲」という）と再生債務者株式会社○○○○（以下「乙」という）とは、乙の東京地方裁判所平成12年（再）第○号民事再生手続開始申立事件につき、以下のとおりの協定を取り交わす。

第１条（債権債務の確認）

甲と乙は、甲の乙に対する債権が、下記のとおりであることを相互に確認する。

記

⑴　平成○○年○月○日付金銭消費貸借契約書に基づく債権

貸付金元金	金○○、○○○、○○○円
利　　息	金○○、○○○円
遅延損害金	金○○○、○○○円
開始決定以後の損害金	額未定

⑵　平成○○年○月○日付金銭消費貸借契約書に基づく債権

貸付金元金	金○○、○○○、○○○円
利　　息	金○○、○○○円
遅延損害金	金○○○、○○○円
開始決定以後の損害金	額未定

第２条（不動産担保の確認）

甲と乙とは、第１条に定める債権について、別紙物件目録記載の不動産に別紙の別除権の内容のとおり設定・登記されていることを相互に確認する。

第３条（担保物件の評価）

甲と乙は、協議の上、平成12年○月○日現在における本件担保物件の価額を別紙記載の記載評価額をもって評価するものとする。

第４条（弁済の合意）

甲は、下記のとおりの債権の弁済に関する乙の提案を受け、同提案を受諾する。

記

第１順位担保権者（丙）　被担保債権金○○、○○○、○○○円の○○パーセントを○年分割で年○○○、○○○円

第２順位担保権者（甲）　被担保債権のうち、金○○、○○○、○○○円の○○パーセントを○年分割で年○○○、○○○円

第３順位以下の担保権者（丁、戊）　被担保債権のうち、金○○○、○○○円全額を平成○年○月末日限り支払う。

第５条（担保権の抹消）

１　甲と乙は、第４条の支払いにより、担保権が消滅することを確認する(注１)。

２　前項の場合、甲は、直ちに、担保権の抹消登記手続をしなければならない。但し、その費用は、乙の負担とする。

第６条（担保権不行使）

甲は、第５条に定める弁済の合意に従った支払いが行われることを条件として、担保権を行使しない。

第７条（解除条件）

甲と乙は、本協定書を、本事件につき再生計画認可決定の効力が生じないことが確定すること、再生計画不認可決定が確定すること、または再生手続廃止決定がなされることを解除条件として締結する。

第８条（停止条件）

本協定書は、監督委員の同意（再生裁判所の許可）を条件として、効力が生じる。

平成12年○月○日

甲

乙

（注１）　再生債務者が別除権目的物を協定に従った弁済によって別除権者から受け戻す条項であるが、受戻しには監督員の同意か裁判所の許可が必要となる（民事再生法第54条２項、第41条１項９号）。

書式番号
90
別除権の放棄書

平成12年（再）第○○号

別除権の放棄書

当社は、再生債務者株式会社○○○○に対する東京地方裁判所平成12年（再）第○号民事再生手続開始申立事件につき、下記別除権を有していますが、この度、同別除権を放棄して担保設定登記の抹消登記手続に応じます。

つきましては、再生計画による弁済をお願いいたします（注１）。

記

別除権の表示

権利の種類　根抵当権
順位　　　　１番
債権額　　　極度額金○○、○○○、○○○円
設定日　　　平成○年○月○日
登記　　　　○○法務局平成○年○月○日受付第○○○号
対象物件　　所在　○○区○○２丁目
　　　　　　地番　○○番○
　　　　　　地目　宅地
　　　　　　地積　○○○・○○m^2

添付書類
1　登記委任状　1通
2　登記済証　　1通
3　資格証明書　1通

平成12年○月○日

再生債権者　○○○○株式会社
代表者代表取締役　丙　野　三　郎

再生債務者　株式会社○○○○
代表者代表取締役　甲　野　太　郎　殿

（注１）別除権者は、予定不足額が確定しない間は、再生計画による弁済を受けることができないが（民事再生法第182条）、別除権を放棄することにより、予定不足額を確定することができる。

書式番号
91
不動産売却・別除権の受戻の同意申請書（法54Ⅱ）

平成12年（再）第○号民事再生手続開始申立事件

（監督委員意見）(注2) 下記申請につき、同意する。 平成12年○月○日 監督委員　　弁護士　△　△　△　△　㊞

平成12年○月○日

監督委員　弁護士　△　△　△　△　殿

担保目的資産売却及び別除権受戻についての監督委員の同意申請書

再生債務者　○○○○　株式会社
上記再生債務者代理人
弁　護　士　乙　野　次　郎　㊞

第１　同意を求める事項

再生債務者所有の別紙物件目録記載の不動産を株式会社○○△△に対して、金50,000,000円で売却し、その売却代金から経費を控除した金42,000,000円を別紙物件目録記載の不動産に根抵当権の設定を受けている○×銀行に対して支払い、別除権を受戻すことの同意を求める(注5)。

第２　同意を求める理由

別紙物件目録記載の不動産（以下、本件不動産という。）の評価額は別紙のとおりであるが、この度、株式会社○○△△から、上記金額にて買い取る旨の申し出を受けている。

別紙物件目録記載の不動産は、再生債務者の福利厚生のために購入したリゾートマンションであり、今後の再生債務者の事業計画において必要とされているものではない。

再生債務者としては、金融機関の担保に入っている本件不動産を早期に売却して、その売却代金をもって返済を行うことが、再生債務者の再建に対して金融機関の理解を得るためには必要不可欠を考えている。担保権者（別除権者）たる○×銀行からも売却を求められていることから、上記条件にて本件不動産を売却処分し、担保権者（別除権者）たる○×銀行に対して別除権の受け戻しを行うことについて同意を求めるものである。

以上

（注１）　法54条２項。
（注２）　再生債務者の申請書に監督委員が署名捺印すれば良い形式とした。なお、裁判所等が監督委員の同意の有無を確認しやすいように、監督委員の同意欄を書面の冒頭に作成した。
（注３）　本申請及びそれに対する監督委員の同意は書面でしなければならない（規則21条１項）。
（注４）　再生債務者は同意を得た時は遅滞なく裁判所に報告しなければならない（規則21条２項）。
（注５）　資産売却の同意と別除権の受戻しの同意の二つの同意を求めたものである。

書式番号
92
再生計画案

平成12年（再）第○○号

再 生 計 画 案

平成12年○月○日
再生債務者○○○株式会社
代表者代表取締役　甲　野　太　郎
申立人代理人弁護士　乙　野　次　郎
電話　○○─○○○○─○○○○
FAX　○○─○○○○─○○○○

第１　再生計画の基本方針

1　再生債務者は、設立以来公共工事及び大手ゼネコンから受注した土木工事を主たる事業としてきたが、バブル経済期にマンション建設事業に乗り出して事業を拡大するとともに、多額の借入を行って不動産投資を行った。しかし、バブル経済の崩壊によって投資した不動産の価値が大幅に下落して多額の損失を生じた。また、マンション販売価格の下落や売れ残りによってマンション建設事業の採算が悪化して事業の収益性が低下してきたものである。

今後は、マンション建設事業から撤退し、比較的収益性を確保できる公共工事の受注率を高めるとともに、再生債務者が特許権を取得している○○○工法を活用した工事に特化することにより、再建することを計画している。

更に、再生債務者はバブル期に拡大した営業所を閉鎖し、人員を約○割削減することにより事業コストの大幅な削減を実現することを計画している。

2　本再生計画については、前記事業コストの削減に努め、豊富な経験を有する得意分野に特化することによって事業の収益性を改善すると予想して作成したものである。

第２　再生債権に対する権利の変更及び弁済方法(注1)

1　再生債権

再生債権者総数、確定再生債権総額は、次のとおりである（別紙１）。

⑴　再生債権者総数　　A株式会社他○○名

⑵　確定再生債権総額　○○，○○○，○○○円

（内訳）

元本　　　　　　○○，○○○，○○○円

利息・損害金　　　　○○○，○○○円

2 権利の変更の一般的基準(注2)

(1) 権利の変更

ア 元本50万円以上の再生債権については、再生計画認可決定が確定したときに、元本及び開始決定日の前日までの利息・遅延損害金の50パーセントに相当する金額並びに開始決定日以後の利息・遅延損害金の全額の免除を受ける。

イ 元本50万円未満の再生債権については、再生計画認可決定が確定したときに、利息・遅延損害金の全額の免除を受ける。

(2) 弁済方法

ア 元本50万円以上の再生債権については、前記2、(1)、アによる免除後の金額を、次のとおり分割して弁済する。

第1回　　　再生計画認可決定の確定日から1ヵ月以内に免除後の金額の30パーセントに相当する金額

第2回以降　平成12年から平成18年まで毎年○月末日までに、それぞれ免除後の金額の10パーセントに相当する金額

イ 元本50万円未満の再生債権については、前記2、(1)、イによる免除後の全額を、再生計画認可決定の1ヵ月以内に全額支払う。

3 個別条項

(1) 権利の変更

再生債権の変更前の権利の内容は別紙2「再生債権」欄記載のとおり、変更後の権利内容は、別紙2「変更後の権利」の欄記載のとおりである。

(2) 弁済の方法

免除後の金額を、再生債務者の現在の住所（東京都千代田区霞が関○丁目○番○号）において弁済する。但し、再生債務者がその費用を負担して指定銀行口座への振込を求めたときは、その銀行口座に振込送金する。

4 未確定の再生債権に関する措置(注3)

(1) 異議等のある再生債権でその確定手続が終了していないものは、別紙3「未確定の再生債権」欄記載のとおりである。

(2) 上の再生債権が確定したときは、前記2の定めを適用する。

但し、再生債権が確定した日に既に弁済期が到来している分割金については再生債権が確定した日から1ヵ月以内に支払う。

5 別除権者の債権に関する措置

(1) 別除権の行使によって弁済を受けることができない債権の部分が確定していない再

生債務者及び別除権者の目的物は、別紙４「別除権付債権及び目的物」欄記載のとおりである。

(2)　(1)の再生債権について、別除権の行使によって弁済を受けることができない債権の部分（以下「不足額」という。）が確定したときは、前記２の定めを適用する。

但し、不足額が確定した日に既に弁済期が到来している分割金については、不足額が確定した日から１ヵ月以内に支払う。

6　弁済に関するその他の事項

(1)　免除における端数の処理

再生債権の免除において生じる免除に１円未満に端数は切り上げる。

(2)　分割弁済における端数の処理

再生債権に対する分割弁済において生じる1000円未満の端数は、最終弁済期日の分割弁済分以外はそれぞれ1000円に切り上げ、最終弁済期日の前回までの弁済額の合計額を総弁済金額から控除した金額を、最終弁済期日の弁済額とする。

第３　共益債権の表示及び弁済方法(注5)

平成12年○月○日までに発生した共益債権及び債権額は、別紙５「共益債権」欄記載のとおりである。

未払共益債権及び平成12年○月○日以降に発生する共益債権は、随時弁済する。

第４　一般債権の表示及び弁済方法(注6)

一般優先債権者数及び債権額は次のとおりである。

1　公租公課

一般優先債権者数及び債権額等は次のとおりである（別紙５）。

(1)　一般優先債権者総数、B税務署他○名

(2)　一般優先債権総額　　○○，○○○，○○○円

（内訳）　本税等　　○○，○○○，○○○円

延滞税　　○○，○○○，○○○円

2　従業員の未払給与等

一般優先債権者数、債権額は次のとおりである。

(1)　一般優先債権者総数　　○○○他○名

(2)　一般優先債権総額　　○，○○○，○○○

未払一般優先債権及び平成12年○月○日以降に発生する一般優先債権は、随時支払う。

第５　債務保証に関する定め(注7)

本計画により再生債権者に対し弁済すべき債務について、C株式会社（本店所在地　○○県○○市○○町○番○号）は再生債務者と連帯して支払いを保証する。

第６　債権者委員会の活動に関する定め(注8)

１　再生債務者の弁済履行を監督するために弁済完了までの間、下記３名を債権者委員とする債権者委員会を設置する。

債権者委員　D、E、F

２　債権者委員会の活動の要する費用の実費は、再生債務者が全額を負担する。

第７　弁済資金の調達方法

本計画による弁済のため各年度に要する資金及び調達方法は別紙６のとおりである。原則として営業による収益、会社財産処分による売得金、売掛金の回収等をもって弁済資金に充てるほか、必要に応じて借入金をもって弁済資金に充てることがある。

東京地方裁判所　民事第20部　御中

（注１）　法第154条１項参照。再生債権者の権利の変更条項と共益債権および一般優先債権の弁済に関する条項は絶対的必要的記載事項である。
（注２）　法第156条参照。
（注３）　法第159条参照。
（注４）　法第160条１項参照。
（注５）　法第154条１項参照。
なお、共益債権については、将来弁済すべきものを明示する(規則83条)。
（注６）　法第154条１項参照。
なお、一般優先債権については、将来弁済すべきものを明示する（規則第83条）。
（注７）　法第158条１項参照。
（注８）　法第154条２項参照。

書式番号
93
再生計画案（会社代表者個人）

平成12年（再）第○○○号

再　生　計　画　案

平成12年○月○日
再生債務者　　　　　○　○　○　○
申立代理人　弁護士　乙　野　次　郎

第１　再生計画の基本方針

再生債務者は、昭和50年４月、○○株式会社（同人の父××昭和30年３月に設立）に入社し、父××が昭和62年11月に死亡して以来、同社の代表取締役として職務を遂行してきた。

再生債務者は、○○株式会社の主要な取引について、連帯保証（主債務の合計約10億円）をしてきたところ、○○株式会社は、平成12年○月○日、再生手続の開始を申し立てた。これに伴い、再生債務者自身が上記連帯保証債務の履行を迫られる事態となり、本申立を行ったものである。

再生債務者の債務の大部分は上記連帯保証債務であり、上記連帯保証債務につき適切な免除を受けられれば、十分に再生が可能である。本件再生計画案は、このような再生債務者の状況を前提としたものである。

第２　再生債権に対する権利の変更及び弁済方法（注１）

１　再生債権

再生債権者総数

確定再生債権総額

２　権利変更の一般的基準（注２）

(1)　権利の変更

元本及び開始決定日の前日までの利息・遅延損害金の○％に相当する金額及び開始決定日以後の利息・遅延損害金の全額の免除を受ける。

⑵　弁済の方法

⑴による免除後の金額を、平成12年　　月から平成　　年　　月まで次のとおり分割して支払う。

……

3　個別条項

⑴　権利の変更

⑵　弁済の方法

⑶　未確定の再生債権に関する措置

⑷　別除件者の債権に関する措置

4　弁済に関するその他の事項

⑴　免除における端数の処理

⑵　分割弁済における端数の処理

⑶　弁済の方法

第３　共益債権の表示及び弁済方法(注１)

第４　一般優先債権の表示及び弁済方法(注１)

第５　弁済資金の調達方法

弁済資金の原資は、〇〇株式会社の代表者の報酬を充てる(注３)。

（注１）　再生計画においては、再生債権者の権利の全部または一部を変更する条項並びに共益債権及び一般優先債権の弁済に関する条項を定めなければならない（法154条１項）。

（注２）　法156条

（注３）　弁済資金の原資として、上記の代表者の報酬のほか、代表者の私財提供等が考え得る。

書式番号
94
再生計画案（営業譲渡後の清算型：抄）

平成12年（再）第○○号

再 生 計 画 案

再生債務者　○○株式会社
代表者代表取締役　甲野　太郎
代理人弁護士　乙野　次郎

第１　再生債務者の概要と再生計画の基本方針

１　再生債務者の概要（注２）

２　再生計画の基本方針

本件再生計画においては、営業譲渡代金をはじめとする再生債務者の資産処分金を弁済原資として、再生債務者に対する弁済を行い、最終的には株主総会において再生債務者の解散決議を行い再生債務者の清算を行うこととする。

具体的には、（省略）。

第２　弁済資金の調達方法（資産処分の方針）（注３）

第３　再生債権に対する権利の変更及び弁済方法（注４）

１　再生債権

(1)　再生債権の範囲

平成12年○月○日（再生手続開始決定日の前日）までの原因に基づいて生じた財産上の請求権並びに平成12年○月○日以後の利息、不履行による損害賠償及び違約金、再生手続参加の費用の各請求権を再生債権とする。

(2)　再生債権者総数、確定再生債権者等

再生債権者総数	商事株式会社ほか　名	別表１
確定再生債権者総額	円	
(内訳)		
元本	円	
利息・遅延損害金	円	
別除権予定不足額	円	別表３

2　一般条項

(1)　弁済の方法

再生債権の元本額（再生計画認可決定確定時における元本額。以下同様。）に応じて、次のとおり支払う。

ア　元本額10万円以上の再生債権について、次のとおり分割して支払う。

第１回　再生計画認可決定が確定した日から２ヵ月以内に、再生債権の元本額の○○パーセントに相当する額

第２回　再生計画認可決定が確定した日から１年７ヵ月以内に、弁済原資から、再生債権の元本額に応じて按分して支払う。

イ　元本額10万円未満の再生債権者について、再生計画認可決定が確定した日から２ヵ月以内に、再生債権の元本額を支払う。

(2)　権利の変更

前記(1)アについては、第２回目の弁済を行った後、前記(1)イについては同イ記載の弁済を行った後、残再生債権全ての免除を受ける。

(3)　調整条項

ア　前記(1)による再生債権の弁済を完了する以前に、全ての資産の処分が完了した場合、前記(1)の記載にかかわらず、再生債務者は、資産処分完了後速やかに、再生手続遂行のために必要な費用を控除した上で、前記(1)ア記載の再生債務者に対し、再生債権の元本額に応じた按分により、繰上げ弁済することができ、残再生債権全額について免除を受ける。但し、前記(1)イの場合を除く。

イ　前記(2)による権利の変更が行われた後に、資産処分が行われた結果、弁済原資が生じた場合には、再生手続遂行のために必要な費用を控除した上で、前記(1)ア記載の再生債権者に対し、再生債権の元本額に応じた案分により弁済する。但し、前記(1)イの場合を除く。

3　個別条項

(1)　弁済の方法

別表１「弁済方法」欄記載のとおり

(2)　権利の変更

前記(1)による弁済を行った後、残再生債権全ての免除を受ける。

(3)　調整条項

ア　前記(1)による再生債権の弁済を完了する以前に、全ての資産の処分が完了した場合、前記(1)の記載にかかわらず、再生債務者は、資産処分完了後速やかに、再生手続遂行のために必要な費用を控除した上で、前記(1)ア記載の再生債務者に対し、再生債権の元本額に応じた按分により、繰上げ弁済することができ、残再生債権全額について免除を受ける。但し、前記２(1)イの場合を除く。

イ　前記(2)による権利の変更が行われた後に、資産処分が行われた結果、弁済原資が生じた場合には、再生手続遂行のために必要な費用を控除した上で、前記(1)ア記載の再生債権者に対し、再生債権の元本額に応じた案分により弁済する。但し、前記

2⑵イの場合を除く。

4　弁済に関するその他の事項

⑴　免除における端数の処理

再生債権の割合弁済において生じる免除額の1円未満の端数は、切り捨てる。

⑵　弁済の方法

再生計画における弁済は、再生債権者が指定する金融機関の口座に振り込む方法により支払う。振り込み手数料は再生債権者の負担とする。

5　再生債権額が確定していない再生債権に対する措置（別表2）

未確定再生債権は別表2「再生債権額に争いがある債権」記載のとおりである。この未確定再生債権につき再生債権額が確定したときは、権利変更の対象となり、前項までの定めを適用する。ただし、再生債権額が確定した日にすでに弁済期が到来している分割金については再生債権額が確定した日から○週間以内に支払う。

第4　共益債権の弁済方法

平成12年○月○日までに発生した共益債権の総額は金○○○○万○○○○円であり、同日現在における共益債権の支払済額は金○○万○○○○円、未払残高は金○○万○○○○円である。

未払共益債権及び○月○日以降に発生する共益債権は、随時支払う。

第5　一般優先債権の弁済方法

1　公租公課

⑴　優先債権者総数、優先債権者総額等は、次のとおりである。

①　優先債権者総数　××税務署ほか△△庁

②　優先債権総額　○○万○○○○円

（内訳）

本税等　○○万○○○○円

延滞税　○○万○○○○円

⑵　権利の変更及び弁済の方法

延滞税は、徴収権者の同意を得て、再生計画認可決定と同時にすべて免除を受け、免除後の本税等は、再生計画認可決定が確定した日から○月以内に一括して納付する（注5）。

2　従業員の未払退職金債権

⑴　優先債権者総数、優先債権者総額等は、次のとおりである。

①　優先債権者総数　○○○人

②　優先債権総額　○○万円（元本）

⑵　弁済の方法

債権全額を、再生計画認可決定が確定した日から○日以内に一括して支払う。

第６　別除権付債権についての定め（注６）
　１　別除権付債権の概要（別表２）
　　別除権付債権と別除権の目的物は、別表３「別除権付債権と目的物」記載のとおりである。
　２　別除権の処分による不足額の確定
　　別除権の行使によって弁済を受けることができない不足額が、目的物の処分、再生債務者との受戻協定、別除権の放棄等により確定したときは、権利変更の対象となり、不足額についての弁済と権利変更は、第３の各定めを適用する。
　　ただし、不足額が確定した日に既に弁済期が到来している分割金については、不足額が確定した日から○週間以内に弁済する。
　３　別除権不足額の確定時期
　　前項の別除権不足額の確定については、再生計画認可決定確定後○年以内に行う。再生計画認可決定確定後○年が経過しても、別除権不足額が確定しない場合には、別除権者との間で直ちに協議を行い、裁判所の許可又は監督委員の同意を得て、別除権不足額の確定に関する協定を締結する。

第７　資本の減少（注７）
　１　再生債務者の資本を次のとおり減少する。
　⑴　減少すべき資本の額
　　資本の額○○億○○○○万○○○○円を、○○億○○○○万○○○○円減少して、○○○○万○○○○円とする。
　⑵　資本減少の方法
　　再生計画認可決定前の発行済株式総数○○○○万○○○○株（額面金額５万円）について、1000株につき○○○株の割合で無償で取得して償却する。
　２　資本減少の効力
　　資本減少の効力が発生する時期は、再生計画認可決定確定時とする。

平成12年○月○○日

東京地方裁判所民事第20部　御中

（注１）　再生計画案をもとに、債権者集会における決議（法171条）、裁判所の認可決定（法174条）が行われるので、再生計画案には、債権者らの判断の根拠となる経営全体の情報を盛り込むことが望ましい。民事再生法は、再生計画案に盛り込むべき内容を規定している。具体的には、①権利の変更（法154条１項）②債権者委員会の費用（同条２項）③債務の負担及び担保の提供（法158条）④未確定の再生債権（法159条）⑤別除権者の権利（法160条）⑥資本の減少（法161条）である。
（注２）　再生債務者の概要、会社の沿革、申立に至った原因等を記載する。

（注３）　再生債務者の現在の資産状況を具体的に示しつつ、資産処分の方法・時期・価格等を記載して、再生債権者に対する弁済原資の捻出方法を記載する。

（注４）　再生計画の必要的記載事項（法154条１項）。記載方法（法156、157条）。

（注５）　民事再生法においては、会社更生法におけるように延滞税を免除するシステムはないので、個別に交渉する他ない。

（注６）　別除権の行使によって弁済を受けることができない債権の部分が確定していない再生債権を有する者があるときは、権利の行使に関する適確な措置を定めなければならない（法160条１項）。

（注７）　再生手続においても、資本減少を行うには、原則として商法所定の手続が必要となるが、株式会社である再生債務者が債務超過の状態にある場合には、あらかじめ裁判所の許可を得ることにより、再生計画の定めによる資本の減少に関する条項を定めた再生計画案が提出でき（法161条、166条１項、２項）、確定した再生計画の定めによって資本の減少をすることができる（法183条１項）。

書式番号 95　再生計画案（スポンサー型：抄）

平成12年（再）第○号

再生計画案（スポンサー型　抄）

再生債務者　○○○○株式会社
代表者代表取締役　甲野　太郎
代理人弁護士　乙野　二郎

第１　再生計画の基本方針

再生債務者は、設立以来、地元○○市を中心に、土木・建設工事を幅広く手がけ、堅実に業績を伸ばしてきた。ところが、バブル期に業容拡大を焦り、多数の不動産の先行取得や大規模開発プロジェクトに手を出し、これがバブル崩壊とともに頓挫したため、約50億円もの借入金を抱えて、その返済資金の捻出に苦しむようになった。

しかしながら、地元○○市およびその周辺地区での再生債務者の営業力は衰えておらず、本来の土木・建設工事では営業利益を出しうる体質である。不採算の不動産事業を整理し、人員削減等のリストラを行い、他方、本再生計画案の実施により負債の一部免除を賜れば、充分再建できる見込みがある。

さらに、それのみでは今後信用力の低下に伴う受注減がありうることから、有力なスポンサーの助力を受けることが望ましい。そこで、メインバンクである△△銀行にスポンサーの紹介を依頼したところ、××市を中心に堅実経営をしている建設会社□□株式会社の紹介を受けた。同社と種々協議したところ、同社が再生債務者を100％子会社とすることで合意した。

本計画案は、再生債務者が上記会社の100％子会社となることを前提に、債務の一部免除を賜り、再生債務者の再建を図るものである。

第２～第４　（省略）

第５　株主の変更の予定

再生債務者の唯一の株主○○○○（現代表取締役）とスポンサー候補者□□株式会社とは、平成○年○月○日付で、再生債務者の発行済株式のすべて（○○○株）について、本再生計画が認可確定することを停止条件として、無償で譲渡する契約を締結している。

第６～（省略）

（注１）　本計画案は、現存株式の全部譲渡により、スポンサーの子会社化を行うものである。減資と増資の組み合わせにより子会社化を行うケースについては、書式96参照。

書式番号
96
再生計画案（減資条項）

第○　資本の減少等に関する定め

1　減資（注1）

減少すべき資本の額　資本金2億円の全額

資本減少の方法　額面金額50円の発行済株式総数400万株全部は、本再生計画の認可決定が確定した後において新株式の払込期日に払込みがあったときにおいて当該払込期日の翌日をもって（注3）無償償却する。

2　定款の変更（注2）

再生債務者の定款のうち、再生債務者が発行する株式の総数を80万株（額面株式1株の金額50円）に変更する。定款変更は、上記資本減少の効力が生じたときに（注3）、効力を生ずる。

3　増資（注4）

前記減資と同時に（注3）、1,000万円（普通額面株式　1株の金額50円20万株）の増資を、再生債務者の役員、従業員らの引き受けにより実行する。

4　裁判所による許可

前記1および2の定めに関し、平成12年○月○日付けにて、民事再生法第166条1項の規定による裁判所の許可を得ている。

以上

（注1）減少すべき資本の額および資本減少の方法を定めなければならない（法161条1項）。
（注2）法161条2項
（注3）発行済株式数が零となる時間が生じないように、減資・増資の効力発生時点の設定に注意する必要がある。なお、商法280条の9第1項参照。
（注4）増資に関しては再生手続上何らの手当もなされていないので、商法の規定に基づき取締役会決議を経て新株を発行する必要がある。
　また、非公開会社で定款に株式譲渡制限が設けられている場合には、既存の株主以外に第3者割当増資をするためには株主総会の特別決議（商280条の5の2）が必要である。

書式番号 97 減資を定める再生計画案の提出許可

平成12年（再）第○号　民事再生手続開始申立事件

平成12年○月○日(注4)

再生債務者　　○○○○株式会社
代表取締役　　甲　野　太　郎
代理人弁護士　乙　野　次　郎

東京地方裁判所民事第20部　合議係　御中

許可申請書(注1)

1　許可を求める事項
再生債務者が下記の条項を定めた再生計画案を提出することについての許可を求める。

記

1）減少すべき資本の額
金２億円
2）資本減少の方法
額面金額50円の発行済株式総数400万株全部は、新株式の払込期日に払込みがあったときにおいて当該払込期日の翌日をもって無償償却する。
3）再生債務者の定款のうち、再生債務者が発行する株式の総数を80万株（額面株式１株の金額金50円）に変更する。定款変更は、上記資本減少の効力が生じたときに、効力を生ずる(注2)。

2　許可を求める理由
(1)　現在の再生債務者の資産状況は、平成12年○月○日提出の財産評定書に係る清算貸借対照表記載のとおり、債務超過の状態にある(注3)。
本件の再生計画においては、再生債権につき大幅な免除を受けることを内容とせざるをえないが、最大限の免除を受けてもなお、資本の額を引き下げることなくしては、債務超過状態を解消して正常なバランスシートを回復することは困難と見込まれる。
また、本件の再生計画においては、再生債権につき大幅な免除を受けることを内容とせざるを得ず、再生債権者に対し、多大な負担をかけることとなるが、その場合に、株主が何らの負担も負わないのは、妥当性を欠き、再生債権者の理解も得られない。他方で、再生債務者は現在、債務超過に陥っており、株式の実質的価値はない。
以上よりすると、本件においては100％の減資が妥当であると思料する。
(2)　減資の効力発生と同時に、以下のとおり再生債務者の役員、従業員らの引き受けにより増資を行う予定である。

増資金額—1000万円（普通額面株式　1株の金額50円　20万株）

引受人—別紙のとおり

(3)　減資、増資後の発行済株式総数が20万株（資本金1000万円）となるため、あわせて、定款に定められた授権株式数を80万株（額面株式1株の金額50円）に変更する。

以上

（注1）　再生計画の定めによる資本減少に関する条項を定めるためには、予め裁判所の許可を得なければならない（法166条1項、同154条3項）。

（注2）　この場合、再生債務者が発行する株式の総数についての定款の変更に関する条項をも定めることができる（法154条3項）。本件においては、減資・増資後の発行済株式総数が20万株と減少するため、授権株式数の規制（商法166条3項、同347条）を考慮して、再生債務者が発行する株式の総数についての定款変更に関する条項を定めるものである。

（注3）　裁判所は、債務超過の場合に限り、資本減少等の条項を定めた再生計画案を提出することについて許可をすることができる。

（注4）　資本減少等を定める条項に関する許可がなされたときは、許可決定の要旨を記載した書面を株主に送達しなければならないが（法166条3項前段）、その送達は、株主名簿に記載された住所または株主が再生債務者に通知した住所にあてて、通常の取扱による郵便に付して行うことができ、その場合、その郵便物が通常到達すべきであったときに送達があったものとみなされる（法166条3項後段、同43条4項、5項、規則88条）。なお、裁判所は、この送達に代えて公告をすることもでき（法10条3項）、東京地裁の運用は原則として公告によっている。

これに対し、株主は、即時抗告をすることができる（法166条4項。不服申立期間は、裁判の送達があった日から1週間［法19条、民訴法332条］、公告の場合には公告の効力が生じた日から2週間［法9条、同10条2項］。）。この即時抗告には、執行停止の効力がある（法19条、民訴法334条1項）。資本減少等を定める条項に関する許可申請をするときは、即時抗告がなされる場合を想定する必要があり、また、公告（官報掲載）までに2週間程度は時間を要することから、再生計画案提出期限の1ヶ月以上前に余裕をもって行うのが望ましい。

（注5）　再生計画により資本の減少等がされた場合には、商法に規定された、株式併合の告知・通知、効力発生の時期の規定（商法212条2項による同215条1項・2項および同377条2項の準用）、債権者および社債権者の異議手続の規定（商法376条2項・3項）、資本減少無効の訴えの規定（商法380条）は適用されず、株式の併合を行う場合の取引所相場のない端株の売却許可に係る事件は、再生裁判所が管轄する（法183条2項）。

また、再生計画により資本の減少等がされる場合には、株主総会における資本減少の特別決議（商法375条）は必要ないものと解される。

書式番号 98　公告文（資本の減少等）（その１）

平成12年（再）第○号　民事再生手続開始申立事件

東京都千代田区霞が関○丁目○番○号

再生債務者　○○○○株式会社

決定の要旨　再生債務者が次の条項を定めた再生計画案を提出することについて許可する。

1	減少すべき資本の額	金２億円
2	資本減少の方法	額面金額50円の発行済株式総数400万株全部は、新株式の払込期日に払込みがあったときにおいて当該払込期日の翌日をもって、無償償却する。
3	定款変更	発行する株式の総数を80万株（額面株式１株の金額50円）に変更する。定款変更は、上記資本減少の効力が生じたときに、効力を生ずる。

平成12年○月○日

東京地方裁判所民事第20部

書式番号
99
公告文（資本の減少等）（その２）

平成12年（再）第○号

東京都千代田区霞が関○丁目○番○号

再生債務者　○○○○株式会社

決定の要旨　再生債務者が次の条項を定めた再生計画案を提出することについて許可する。

1　減少すべき資本の額　金30,000,000円

2　資本減少の方法　再生計画認可前の発行済株式（額面普通株式500円）４株を併合して、額面500円の新株式１株とする。ただし、上記併合の結果各株主について１株未満の端数を生じた時は、この端数株式を集合し裁判所の許可を得て売却し、その売却代金を端株数に応じて当該株主に配分する。

平成12年○月○日

東京地方裁判所民事第20部

書式番号 100　公告文（資本の減少等）（その３）

平成12年（再）第○号

東京都千代田区霞が関○丁目○番○号

再生債務者　○○○○株式会社

決定の要旨　再生債務者が次の条項を定めた再生計画案を提出することについて許可する。

1　減少すべき資本の額　金３億円

額面金額50円の発行済株式総数600万株全部は、新株式の払込期日に増資引受人による払込みがあったときにおいて当該払込期日の翌日をもって無償償却する。

2　また再生債務者の定款のうち、再生債務者が発行する株式の総数を80万株（額面株式１株の金額金50円）に変更する。

平成12年○月○日

東京地方裁判所民事第20部

書式番号 101　公告文（資本の減少等）（その４）

平成12年（再）第○号

東京都千代田区霞が関○丁目○番○号

再生債務者　○○○○株式会社

決定の要旨　再生債務者が次の条項を定めた再生計画案を提出することについて許可する。

1　減少すべき資本の額　金12億円

2　資本減少の方法　発行済株式総数1000万株は、再生計画認可決定が確定したときに、10株を１株に併合する。

平成12年○月○日

東京地方裁判所民事第20部

書式番号 102　公告文（資本の減少等）（その５）

平成12年（再）第○号

東京都千代田区霞が関○丁目○番○号

再生債務者　○○○○株式会社

決定の要旨　再生債務者が次の条項を定めた再生計画案を提出することについて許可する。

1　減少すべき資本の額　　金30億円

2　資 本 減 少 の 方 法　　再生計画認可決定前の発行済株式総数3000万株（額面金額50円）について、1000株につき990株の割合で無償で取得して償却する。

平成12年○月○日

東京地方裁判所民事第20部

書式番号
103
取締役会議事録（増資決議）

取締役会議事録（注1）

1　日　時　平成12年○月○午前○時○○分

2　場　所　東京都千代田区霞ヶ関○丁目○番○号当社会議室

3　出席者　取締役総数　10名　　出席取締役　10名

　　　　　監査役総数　３名　　出席監査役　３名

上記のとおり出席があり、取締役会は有効に成立したので、代表取締役甲野太郎は、定刻議長席に着き開会を宣するとともに審議に入った。議長は、当会社の資本金金額の減資（効力発生日は下記払込期日の翌日）を内容とする別紙再生計画案が裁判所に提出される予定であること、同再生計画案の認可確定を条件に第三者割当による新株発行を下記要領をもって行うことを提案したところ、全員異議なくこれを承認可決した。

第１号議案　新株発行に関する決議事項

1　発行する新株数　記名式額面普通株式○万株

2　新株の発行価額　１株につき金○○○○円

3　払込期日　平成12年○月○日

4　新株の発行方法　発行する新株の引受権を次の者に与える。

　　○○○○株式会社　　○○○○株

5　申込証拠金は、１株につき金○○○○円とし、払込期日において払込金に充当し、利息をつけないこと

6　新株の払込みを取り扱う銀行は、次の銀行とする。

　　東京都千代田区丸の内○丁目○番○号　株式会社○○銀行本店

東京都千代田区内幸町〇丁目〇番〇号　株式会社△△銀行本店

7　新株の発行価額中資本に組み入れない額　1株につき金0円

8　上記の新株発行は、株主以外の者に対して新株を発行することにつき、株主総会の特別決議による承認があることを条件とする。

以上をもって議事の全部を終了したので、議長は午前〇〇時〇〇分閉会を宣した。

以上の決議の結果を明らかにするため、本議事録を作成し、出席取締役は、次に記名押印する。

平成12年〇〇月〇〇日

〇〇〇〇株式会社

議　長　代表取締役　甲野太郎

出席取締役　〇〇〇〇

出席取締役　△△△△

…（以下、省略）…

（注1）　民事再生法では、増資は再生計画による必要はなく、取締役会の決議によって行われる（商法280条の2）。

書式番号
104
株主総会議事録（第三者割当の承認）

臨時株主総会議事録（注1）

1　日　時　平成12年〇月〇午前〇時〇〇分

2　場　所　東京都千代田区霞ヶ関〇丁目〇番〇号当社会議室

3　出席者　議決権のある当会社株主総数　〇〇名

議決権のある発行済株主総数　〇〇株

出席株主数（委任状による者を含む）　〇〇名

この議決権のある持ち株総数　〇〇株

以上のとおり株主の出席があったので、定款の規定により、代表取締役甲野太郎は議長席につき、株主総会は適法に成立したので開催する旨を宣し、直ちに議事に入った。

第１号議案　新株発行の件（株主以外の者に対して新株を発行する件）

議長は、本議案について、本議案が再生計画と事実上一環をなすものであること、新株引受権を受けるべき者が、当社の新規スポンサーとして当社再建のために必要不可欠の協力を仰ぐべき取引先であり今後の緊密な事業提携が予定されていることその他提案理由を詳細に説明のうえ、その審議を求めたところ、満場一致をもって、次のとおり承認可決した。

1　発行する新株数　記名式額面普通株式〇万株

2　新株の発行価額　１株につき金〇〇〇〇円

3　払込期日　平成12年〇月〇日

4　新株の発行方法　発行する新株の引受権を次の者に与える。

〇〇〇〇株式会社　　　〇〇〇〇株

5　申込証拠金は、１株につき金〇〇〇〇円とし、払込期日において払込金に充当し、利息をつけないこと

6　新株の払込みを取り扱う銀行は、次の銀行とする。

東京都千代田区丸の内○丁目○番○号　株式会社○○銀行本店

東京都千代田区内幸町○丁目○番○号　株式会社△△銀行本店

7　新株の発行価額中資本に組み入れない額　１株につき金０円

8　株主以外の者に対して新株を発行する理由

新株引受権を受けるべき者が、当社の新規スポンサーとして当社再建のために必要不可欠の協力を仰ぐべき取引先であり今後の緊密な事業提携が予定されていることから、今後は株主の一員として当社のためにご尽力を得たいと思料する。

以上をもって議事の全部を終了したので、議長は午前○○時○○分閉会を宣した。

以上の決議の結果を明らかにするため、本議事録を作成し、出席取締役は、次に記名押印する。

平成12年○○月○○日

○○○○株式会社　臨時株主総会

議　長　代表取締役　甲　野　太　郎

出席取締役　○　○　○　○

出席取締役　△　△　△　△

…（以下、省略）…

（注１）　商法280の５の２に基づく増資。

書式番号 105　増減資スケジュール例

再生手続申立（括弧内の日数は申立日からの想定日数）

↓

再生手続開始決定（２週間＋１日）

↓（減資・増資のスキーム策定）

資本減少等の条項を定める再生計画案提出の許可(法166Ⅰ、同154Ⅲ)(７週間＋α)(注１)(注２)

↓

株主への送達（法166条３項、同43条４項・５項、規則88条）又は公告（法10条３項）

→ 即時抗告（法166条４項）

←（却下決定）

↓

資本減少等の条項を定める再生計画案提出（法154条３項、同161条）（３ヵ月）
新株式の発行決議(注３)(注４)

取締役会決議（商法280条の２）

↓

（株主総会特別決議（商法280条の５の２））

↓

債権者集会・認可決定（５ヵ月）

→ 即時抗告（法175条１項）

←（却下決定）

↓

認可決定の確定

↓

新株払込期日における払込み＝当該払込期日の翌日に新株発行の効力が発生し、同時に資本減少の効力も発生する

↓

資本減少等の登記(注５)

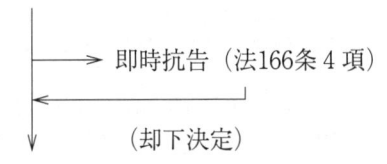

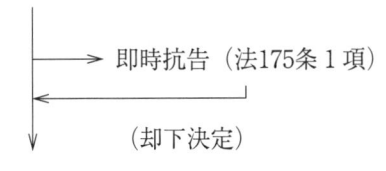

（注１）　裁判所は、債務超過の場合に限り、資本減少等の条項を定めた再生計画案を提出することについて許可をすることができるものと解されるので、通常は、再生債務者による財産評定（法124条）の後に許可申請をすることとなるものと思われる。

（注２）　資本減少等を定める条項に関する許可申請をするときは、即時抗告（法19条、民訴法332条）がなされる場合を想定する必要があり、また、公告（官報掲載、法10条３項）までに２週間程度は時間を要することから、再生計画案提出期限の１ヵ月以上前に余裕をもって行うことが望ましい。

（注３）　増資に関しては再生手続上何らの手当もなされていないので、商法の規定に基づき取締役会決議を経て新株を発行する必要がある。

また、非公開会社で定款に株式譲渡制限が設けられている場合には、既存の株主以外に第三者割当増資をするためには株主総会の特別決議（商280条の５の２）が必要である。

（注４）　再生計画認可決定確定前に新株式の発行決議を行うときには、認可決定が確定するまで即時抗告により期間を要する場合があることを想定して余裕をもって新株払込期日を設定する必要がある（例えば、再生計画認可決定の日から３ヵ月を経過する日の属する月の末月を新株払込期日と設定することや、認可決定の確定を新株式の発行決議の停止条件と定めることも考えられる。）

（注５）　株式会社である再生債務者が再生計画の定めにより資本の減少を行ったときは、本店所在地にあっては２週間内に、支店所在地にあっては３週間内に、資本の減少による変更登記を申請しなければならない（商法188条２項６号、３項、67条）。

また、再生計画の定めにより再生債務者が発行する株式の総数について定款が変更されたときは、本店所在地にあっては２週間内に、支店所在にあっては３週間内に、発行する株式の総数の変更による変更登記を申請しなければならない（商法188条２項１号、３項、67条）。

これらの登記の申請には、再生計画認可の決定書の謄本又は抄本を添付しなければならない（法183条４項）。

なお、法務省（民事局第４課）の平成12年12月14日現在の見解によれば、上記の資本減少等の登記の申請手続にあたっては、再生計画認可決定確定の登記（裁判所書記官により嘱託でなされる。）がなされていることが前提とされるとのことである。

書式番号
106　再生計画案の修正許可申請書

平成12年（再）第○○号

再生計画案修正許可申請書

再生債務者　　○○○○株式会社

第１　許可を求める事項

平成12年○月○日御庁に提出した再生計画案第２を次のとおり修正することについて、許可を求める。

（修正前）

第２　再生債権に関する条項

１　再生債権については、元本の60％および利息損害金の全額の免除を受ける。

２　免除後の再生債権について、再生計画認可決定確定日の属する月の翌月末日までに再生債権のうち元本の10％を、以後毎年同日までに再生債権のうち元本の10％ずつを合計４回に渡り、支払う。

（修正後）

第２　再生債権に関する条項

１　再生債権については、元本の40％および利息損害金の全額の免除を受ける。

２　免除後の再生債権について、再生計画認可決定確定日の属する月の翌月末日までに再生債権のうち元本の10％を、以後毎年同日までに再生債権のうち元本の10％ずつを合計６回に渡り、支払う。

第２　理由

再生債務者は、平成12年○月○日、御庁に対し再生計画案を提出した。ところが、その後、当初再生計画案に記載の弁済率について特段異論を出していなかった○○株式会社および株式会社△△が、弁済率を40％から60％に増額修正するよう要請してきた。上記２者の有する債権額の合計は○○○円であり、再生債権額総額に占める割合は約40％である。

そこで、再生債務者としては、この要請を尊重し、弁済可能額を再検討することとした。そうしたところ、別紙弁済計画書のとおり、弁済率を60％に増額修正しても履行可能であるので、上記のとおり再生計画案修正の許可を求めるものである。

平成12年○月○日

再生債務者代理人弁護士　　乙野　二郎

東京地方裁判所民事第20部御中

（注１）　法167条に基づく修正について、裁判所の許可を求める申請である。

（注２）　この修正は、再生計画案決議のための債権者集会の招集決定または書面決議の決定がなされるまで行うことができる。

（注３）　裁判所は、修正案について労働組合等の意見を聴取する（法168条）。

書式番号 107　債権者集会招集決定

平成12年（再）第○○号　民事再生手続開始申立事件

決　　　　定

再生債務者　　○○○○株式会社

本件につき、再生計画案について決議をするための債権者集会を平成12年○月○日午前○○時○○分当庁に招集する。

平成12年○月○日

東京地方裁判所民事第20部

裁判長裁判官　　○○○○
裁判官　　○○○○
裁判官　　○○○○

上記は正本である。
前同日同庁
裁判所書記官　　○○○○

書式番号 108　債権者集会期日通知書

平成12年（再）第○号

再生債務者　○○○○株式会社

平成12年○月○日

債権者各位

東京地方裁判所民事第20部合議Ｂ係

裁判所書記官　　○○○○

電話　××××-××××

債権者集会期日通知書

上記再生手続開始申立事件について、下記１のとおり債権者集会期日が定められ、この期日において、同封の議決票により、再生計画案に同意するかどうかについての投票が実施されることが決定されましたので、通知します。

債権者投票期日における投票は、同封の議決票によって行っていただきますので、この期日に出席される際には、必ずこの議決票を持参してください。なお、この議決票を持参された方が投票を行う場合には、代理人による投票であっても、委任状は不要です。

記

1　債権者集会期日　　平成12年○月○日午後○時○分
東京都千代田区霞が関１—１—４（裁判所合同庁舎）
東京地方裁判所　債権者等集会場（３階）

2　監督委員の意見　　別紙のとおり

3　再 生 計 画 案　　別紙のとおり

書式番号 109　委任状提出の依頼書

委任状提出のお願い

債権者各位

平成12年○月○日

〒○○○-○○○○
東京都千代田区霞が関○丁目○番○号
○○○○株式会社
代表者代表取締役　甲野　太郎
〒△△△-△△△△
東京都千代田区霞が関△丁目△番△号
代理人弁護士　乙野　次郎
電話　03（○○○○）○○○○
FAX　03（○○○○）△△△△

謹啓　時下ますますご清祥のこととお慶び申し上げます。

（再生手続の進行状況について）

弊社は、平成12年○月○日に東京地方裁判所に再生手続開始の申立てを行い、以後債権者の皆様のご寛容とご支援のもと、会社再建を目指し日々努力を重ねてきたところでございます。お陰様で、経営状態も一時の落込みを脱して回復しており、今般、裁判所の主催により次のとおり債権者集会が開かれる運びとなりました。

日　時　　平成12年○月○日午前○時○分
場　所　　東京地方裁判所　○○○号法廷

ここで弊社の提示いたしました再生計画案について、債権者の皆様の賛否が問われることになります。これが可決され再生計画認可決定が確定すると、再生計画に従った弁済がなされることとなり、弊社の再建は大きく前進することとなります。

（再生計画）

弊社が提示する再生計画は、平成12年○月○日の債権者説明会で説明したとおりであり、具体的には同封の書面に記載したとおりです。

（委任状提出のお願い）

弊社としては、この再生計画案を可決していただき、何としても会社を再建したいと願っております。

仮に、これが可決されなければ、弊社は破産せざるを得なくなりますが、その場合には、営業停止となるうえ、配当率はいっそう低下します。

なにとぞ再生計画案にご賛成していただきますよう伏してお願い申し上げます。

ついては、再生計画にご賛同いただける方は、平成12年○月○日までに、同封の委任状を下記の者あてご送付いただきたくよろしく願い申し上げます。

東京都千代田区霞ヶ関○丁目○番○号
○○○○株式会社　経理部長　丙野　三郎
電話　03（○○○○）××××

（注１）　再生債権者に、再生計画案決議に関する議決権行使の委任状の提出を依頼する書面（法171条５項）。

書式番号
110
委任状

平成12年（再）第○○号

委　任　状

私は、○○○○（東京都千代田区丸の内○丁目○番○号）を代理人と定め、上記の事件につき、再生手続における通知等を受領すること及び債権者集会（続行期日を含む）に出席し、再生計画案（修正された場合は不利益でない限り、修正後の再生計画案）に同意する旨の議決権を行使することを委任します。

平成　　年　　月　　日

（住所又は本店所在地）

（氏名又は会社名）

（代表者名）　　　　印

（電話番号　03―○○○○―○○○○）

（FAX番号　03―○○○○―○○○○）

（注１）　再生計画案決議に関する委任状。
（注２）　再生債権者は代理人をもって議決権を行使することが出来る（法171条５項）。
（注３）　代理人によって議決権を行使する場合には、代理権を証する書面を裁判所に提出しなければならない（規則51条）。
（注４）　受任者の資格は問わない。

書式番号
111
再生計画案同意の依頼書

平成　　年　　月　　日

債権者　各位

○○○○株式会社
代表取締役　甲野　太郎
申立代理人
弁　護　士　乙野　次郎

再生計画案同意のご依頼

拝啓　益々ご清祥のこととお慶び申し上げます。

さて、弊社は、平成12年○月○日東京地方裁判所に対して再生手続開始の申立をし、今日まで裁判所の監督の下で債権者の皆様のご支援・ご助力を頂きながら事業の再建を取り組み再生計画案を作成すべく努力しておりましたが、漸く、平成12年○月○日に裁判所に対し別紙の再生計画案を提出するに至りました。

そして、今般、裁判所より上記再生計画案（別紙のものと同一内容です）について書面による決議に付す決定をいただきました(注1)。

再生計画案の書面による決議の手続は、裁判所より皆様に上記再生計画案及び再生計画案に同意するか否かを回答する書面が送付され、皆様の回答によって再生計画案を可決する手続です。

そこで、是非、裁判所より送付される再生計画案にご同意いただき、また所定の回答期間内(注2)に送付された議決票に賛成の記載をして裁判所に返送していただきたく、伏して、お願いします。

もし、皆様の同意の旨の回答がないと、法定多数を満たすことができず、再生計画案が否決されたことになって、破産に移行し営業を廃止することにもなり、破産に至った場合には皆様への配当率も数％に満たないものと思われますので、同意いただける方は、必ず回答書を送付していただけますようお願いいたします。

なお、再生計画案についてご質問等ある場合は、担当（電話03（○○○○）××××）までご連絡いただければご説明いたします。

取り急ぎ、再生計画案が書面による決議に付される旨のご連絡とご同意のお願いをさせていただきました。皆様には、弊社の再生手続について、ご理解ご協力をいただき、再生計画案についてご同意いただきますよう重ねてお願いいたします。

敬具

（注１）　172条２項に基づき、書面決議に付する旨の決定がなされた場合の、議決権者に対する再生計画案に同意するか否かの回答を求める通知等。

（注２）　裁判所の定める回答期間は、書面決議に付する旨の決定の日から２週間以上３ヵ月以下の範囲内でなければならない（規則91条１項）。

書式番号 112　再生計画案提出期間伸長の申立書

平成12年（再）第○号民事再生手続開始申立事件

平成12年○月○日

東京地方裁判所民事20部　御中

再生計画案提出期間伸長の申立書

再生債務者　　○○○○　株式会社
上記再生債務者代理人
弁護士　　乙　野　次　郎　㊞

第１　申立の趣旨

掲記事件につき、平成12年○月○日付け決定(注３)により平成12年△月△日と定められている再生計画案の提出期限につき、平成12年×月×日まで期間を伸長したく、申し立て致します。

第２　申立の理由

再生債務者は、平成12年○月△日付けにて提出致しました再生計画案草案における説明のとおり、今後の再建案としてスポンサー候補者たる株式会社△△△の増資を前提とした場合（以下、第１案といいます。）と、スポンサーを求めずに自主再建する場合（以下、第２案といいます。）の２通りを検討して来た。そして、第１案の方が、第２案よりも経営基盤が強固となり、また、再生債権者への配当率も高く設定できることから、第１案を中心に考え、株式会社△△△と交渉を行って来た。

しかしながら、株式会社△△△は、再生債務者に対し、共益債権とする監督委員の承認を得ることを条件として金１億円の融資を行ってはいるものの、再生債務者が申し入れている金３億円の増資引受については未だ了解が得られていない。株式会社△△△によると、再生債務者の増資引受の可否について、平成12年△月×日の取締役会にて正式に決定するということである。

再生債務者としては、前記理由により第１案による再建を第２案より優先して検討していることから、平成12年〇月×日の株式会社△△△の取締役会の決定を待ってから、再生計画案を決定し提出したいと考えている。したがって、上記株式会社△△△取締役会の日から１週間後の平成12年×月×日まで、再生計画案の提出期間を伸長していただきたく本申立に及んだ次第である。

以上

（注１）　法163条３項。
（注２）　期間伸長は特別の事情がある場合を除き、２回を超えて行うことはできない（規則84条３項）。
（注３）　再生計画案の提出期限は、通常、再生手続開始決定において、裁判所により決められる。なお、法163条１項。
（注４）　再生計画案提出期限は、特別な事情がある場合を除き、一般調査期間の末日から２月以内の日としなければならない（規則84条１項）。
（注５）　東京地裁では、打合せ期日に期間伸長の協議ができれば、改めて書面の提出を要しない扱いである。

書式番号
113
営業譲渡許可申請書

平成12年（再）第○○号事件

営業譲渡許可申請書

再生債務者　○○○○株式会社

申請の趣旨

再生債務者が、別紙物件目録記載の工場における建築資材の製造・販売にかかる営業を、別紙譲渡契約書の内容でＡ社に譲渡することの許可を求める。

申請の理由

1　再生債務者は、平成12年○月○日に御庁に対し再生手続の申立てをなし、同年○月○日に再生手続の開始決定を得た。
2　再生債務者は、中小規模の住宅用マンションの建築・施工を中心に営業を行い、同時に別紙物件目録にかかる工場において、特殊建築資材の製造も行っていたところ、おりからの不況により、住宅用マンション建築の受注が減り、かつ特殊建築資材の製造部門については従来の設備では対処できず、営業を今後継続するには、新たな設備投資をしない限り同部門の維持は困難な状況にある。
3　今後の再生債務者の営業を維持するには、同部門を他社に一括して営業譲渡し、当社の業務を本来の住宅用マンション建築に集中させるとともに、他方で相当な対価を得て、再生計画の返済原資とするのが、相当であると思料される。
4　今回、売却先となるＡ社は、同部門の業者でも上位にあり、安定した受注があるうえ、売却代金も適正なものである。
　また、平成12年○月○日の債権者集会においても、大多数の債権者より本件営業譲渡の同意を得ており、再生債務者の労働組合もこれに賛成している。
5　よって、再生債務者の、別紙物件目録にかかる特殊建築資材の製造部門をＡ社に別紙譲渡契約書どおりの内容での営業譲渡の許可を申請する。

添付資料（略）

平成12年○月○日
再生債務者代理人
弁護士　乙　野　次　郎

東京地方裁判所民事第20部　御中

（注１）　法42条に基づく申請である。
（注２）　裁判所が許可をする場合には、再生債権者の意見を聴かなければならない（法42条２項）。そのためには、債権者審問期日の開催、意見聴取のための新聞公告の掲載などの手続が必要となる。
（注３）　労働組合等の意見も聴く必要がある（法42条３項）。

書式番号
114
営業譲渡に関する代替許可の申立書

平成12年（再）第○号

〒○○○−○○○○
東京都千代田区霞ヶ関○丁目○番○号
申立人（再生債務者）○○○○株式会社
代表者代表取締役　甲　野　太　郎
〒△△△−△△△△
東京都千代田区霞ヶ関△丁目△番△号
申立代理人弁護士　乙　野　次　郎
電話　03―○○○○―○○○○
FAX　03―○○○○―○○○○

代替許可申請書

1　申立ての趣旨
平成　年　月　日付営業譲渡許可申請書にかかる営業の譲渡について、商法245条第1項に規定する株主総会の決議に代わる許可を求める。
2　申立ての理由
(1)　申立人（再生債務者）の財産をもって債務を完済することができないこと
申立人（再生債務者）の財産及び債務の状況は、再生手続申立時に貴庁に提出した非常貸借対照表及び手続開始後に民事再生法第124条第2項に基づき作成し貴庁に提出した財産目録及び貸借対照表のとおりであり、申立人（再生債務者）は、財産をもって債務を完済できないことが明らかである。
(2)　営業の譲渡が事業の継続のために必要であること
申立人（再生債務者）が、平成　年　月　日付営業譲渡許可申請書において、当該営業の譲渡が事業の継続のために必要である旨を記載しているとおり、事業継続のためには当該営業の譲渡が必要である。
(3)　よって、民事再生法第43条第1項に基づき、申立の趣旨記載の許可を求める。
平成12年○月○日
申立代理人弁護士　乙　野　次　郎　㊞

東京地方裁判所　民事第20部　御中

（注1）　法43条に基づく申立である。
（注2）　許可決定の送達のために必要なときは、株主の住所を記載した書面の提出を求められることがある（法43条2項、規則19条）。ただし、東京地裁では、通常株主への送達に代えて公告を行っているので（法10条3項）、株主の住所を記載した書面の提出は求められていない。

書式番号
115 営業譲渡契約書

営業譲渡契約書

〒○○○―○○○○
東京都
甲（譲受人） ○○株式会社
代表者代表取締役 甲野 太郎

〒△△△―△△△△
東京都
乙（譲渡人） △△株式会社
代表者代表取締役 乙野 次郎

上記当事者間において、本日、次のとおり、営業譲渡契約を締結したので、本契約書２通を作成し、甲・乙各１通宛保持する。

（目的）
第１条 乙は甲に対し、別紙営業目録記載の乙の営業を譲渡し、甲はこれを譲り受ける。

（承継する財産の範囲）
第２条 甲が前条により承継すべき財産は、別紙財産目録記載の資産・負債とする（注２）。

（譲渡価格等）
第３条 譲渡財産の価格は金○○億円とする。
２．甲は乙に対し、前項の代金を下記のとおり分割して支払う（注３）。

記

⑴ 2000年○月○日 金○○○○万円
⑵ 2000年○月○日 金○○○○万円
⑶ 2001年○月○日 金○○○○万円

（引渡時期）
第４条 譲渡財産の引渡時期は、譲渡日とする。

（瑕疵担保責任）
第５条　乙は甲に対し、譲渡財産の瑕疵につき責任を負わない（注３）。

（従業員の地位）
第６条　この契約により譲渡する営業に譲渡日現在従事する乙の従業員については、甲乙別途協議のうえ決定する（注４）。

（契約の失効）
第７条　乙が次の各号の一つに該当する場合、本件契約は当然に失効するものとする。
⑴　裁判所による営業譲渡許可（代替許可）を受けることができない場合（注５）。
⑵　諸官庁より営業譲渡を中止すべき旨命令・勧告・指導があった場合。

（契約成立の条件）
第８条　本件契約は、代替許可の決定につき株主による即時抗告がなされた場合には、抗告却下決定又は棄却決定がなされることを停止条件としてその効力を生ずる（注６）。

（協力義務）
第９条　乙は甲に対し、2000年○○月○○日までに別紙文書目録に記載する販売権に関わる帳簿・顧客名簿・その他営業上必要な一切の書類を引き渡すものとし、乙は顧客先に対し、今後甲が商品を供給する旨通知を行い、この契約の実行が遺漏なく行われるよう努めるものとする。

（競業避止義務）
第10条　乙は、この契約の締結日から20年間、乙自らあるいは乙が関わる一切の事業においてこの契約に定める販売権と同種または類似の営業を行わないものとする。

（補則）
第11条　この契約に定めのない事項については、甲乙協議の上決定するものとする。

平成12年○○月○○日

甲

乙

（注１）　営業譲渡の時期、方法としては、再生手続前の営業譲渡、再生手続申立後から開始決定前の営業譲渡、再生手続開始決定後の営業譲渡、再生計画による営業譲渡が考えられるが、本書式では、再生手続開始決定後の営業譲渡を念頭に置いて作成した。

再生手続開始決定後に営業譲渡を行う場合、裁判所の許可が必要である（法42条１項）。裁判所は、許可に当たり、知れたる債権者、労働組合等再生債務者の従業員の過半数を代表する者の意見を聴く（法42条２項、３項）。

（注２）　営業譲渡においては、取引先との取引の継続が重要となるため、取引先に対する債務を引き継ぐ形での営業譲渡契約を締結する必要性が高い。しかし、営業譲渡契約において取引先に対する債務を引き継ぎ、その額を譲渡対価から差引いて譲渡価額を決定すると、承継する取引先に対する債務を全額弁済することになるので、債権者間の衡平を害することになる。また、再生債権については、再生計画の定めるところによらずに弁済することができないとされている（法85条１項）ので、債務を承継する営業譲渡は、裁判所の許可を得られない可能性がある。但し、取引先が商品売買の先取特権・商事留置権を有しているものについては、別除権として再生手続外で弁済することが可能（法53条）であり、したがって、営業譲渡契約書において債務を承継することも可能である。

（注３）　本書式は、瑕疵担保責任を負わない例であるが、通常の営業譲渡の場合、営業譲渡時に予測できなかった問題が発生した場合、譲受会社は譲渡会社に対し、瑕疵担保責任を追及できる。しかし、譲渡会社が再生会社の場合、営業譲渡代金を原資として債権者に弁済してしまうので、全額の補償を得ることが困難となる（弁済後会社を清算する場合は、補償を求める相手方が存在しなくなる可能性もある。）。したがって、瑕疵担保責任を負う場合でも、営業譲渡代金の分割払いや、条件付支払条項を入れる等の工夫が必要となる。

（注４）　営業譲渡により譲受会社に譲渡会社の従業員を引き継ぐには、従業員の承諾が必要である。本書式では、従業員の地位については契約書上明確にせず、当事者間で別途協議する形式にした。

（注５）　株式会社が営業の全部又は重要な一部の譲渡を行う場合、株主総会の特別決議が必要である（商法245条１項１号）が、株式会社が債務超過の場合（再生手続きでは債務超過であるのが通常）には、裁判所の許可をもって商法245条の特別決議に代えることができる（法43条１項）。この代替許可を得ることにより、株主総会決議を省略して迅速に営業譲渡を行うことができ、時間の経過による資産の劣化を防ぐことが可能である。

（注６）　代替許可決定に対しては、株主は、即時抗告をなすことができる（法43条６項）ため、抗告却下又は棄却決定がなされることを停止条件として、営業譲渡契約の効力が生ずるものとした。

書式番号 116　営業譲渡スケジュール例

再生手続の申立（法21条）

↓

買収監査の実施

↓

再生手続開始決定（法33条）（注1）

↓

営業譲渡覚書合意

↓

取締役会決議
（営業譲渡の承認）（商法260条）

↓

営業譲渡契約の締結

↓

営業譲渡許可申立（法42条１項）

↓

債権者・組合から意見聴取（法42条２、３項）

↓

裁判所の営業譲渡許可（法42条）
裁判所の総会代替許可（法43条）（注2）

↓　　　↓

譲受会社による公正取引委員会への届出（独占禁止法16条）

↓

担保権消滅許可申立（法148条）

↓

担保権消滅許可決定（法148条）（注3）

↓

営業譲渡期日（代金納付による担保権の消滅）（法152条）

↓

書式番号116　営業譲渡スケジュール例

清算型再生計画案の作成・提出（法163条）

↓

再生計画の決議・認可（法171、174条）

↓

弁済その他の残存資産の処分（法186条）

↓

再 生 手 続 の 終 結（法188条）

↓（左）通常の営業へ

↓（右）

会社解散届出（商法418条）

↓

清算事務の終了（商法427条）

↓

清算結了登記（商法430条、134条）

（注１）　スケジュール例は、「再生手続開始決定後に裁判所の許可による営業譲渡」の場合であるが、このほかに、「再生手続申立後から再生手続開始決定前の営業譲渡」や「再生計画による営業譲渡」が考えられる。

（注２）　株主総会による特別決議（商法245条）をおこなうことも可能である。

（注３）　担保権者による価格決定請求手続（法149条～）が介在することもあり得る。

書式番号
117
新聞広告（営業譲渡）

営業譲渡に関する意見聴取

平成12年（再）第○号再生債務者株式会社○○○○（東京都千代田区霞ヶ関○丁目○番○号）

右民事再生事件の債権者で営業譲渡について意見のある方は、平成12年○月○日までに、東京地方裁判所民事第20部合議係（東京都千代田区霞ヶ関一丁目一番四号）に意見書を提出してください。なお、営業譲渡の内容等については、債務者代理人にお問い合わせください（乙野次郎弁護士（電）○三―○○○○―○○○○）。

平成12年○月△日

東京地方裁判所

（注１）　東京地裁では、このような広告を新聞に掲載する運用である。

書式番号 118 労働組合に対する営業譲渡の通知

平成12年（再）第〇〇号

営業譲渡に関する意見聴取（注1）

〇〇〇〇株式会社　労働組合

委員長　〇〇〇〇殿（注2）

頭記事件について、再生債務者〇〇〇〇株式会社から営業譲渡許可申請書が提出されたので、意見がある場合には、平成12年〇月〇日までに東京地方裁判所民事第20部（東京都千代田区霞ヶ関１―１―４）に意見書を提出して下さい。なお、営業譲渡の内容等については債務者代理人甲野太郎弁護士（電話03―〇〇〇〇―〇〇〇〇）にお問い合わせ下さい。

平成12年〇月〇日

東京地方裁判所民事第20部

裁判所書記官

（注１）　法42条３項。
（注２）　使用人その他の従業員の過半数で組織する労働組合があるときはその労働組合に、ないときは使用人その他の従業員の過半数を代表する者の意見を聴取する必要がある。

書式番号 119　株主による即時抗告の申立書

平成12年（再）第○○号

即時抗告申立書

東京高等裁判所　御中

平成12年○月○日
抗告人代理人弁護士　○　○　○　○

当事者の表示　別紙当事者目録記載のとおり（略）

抗 告 の 趣 旨

頭記事件につき、東京地方裁判所が平成12年○月○日になした営業譲渡に関する株主総会の決議に代わる許可の決定を取り消す(注1)
との決定を求める。

抗 告 の 理 由

1　再生債務者○○○○株式会社は、東京地方裁判所に対し、平成12年○月○日、同社の全部の営業を、△△△△株式会社に譲渡することについて、株主総会の決議に代わる許可を申請し、平成12年○月○日、許可決定を受けた。
2　しかし、（……以下取消理由。(注2)）
3　よって、抗告の趣旨記載の決定を求め、本抗告をする。

以上

添 付 書 類

1　委任状
2　訴訟委任状
3　甲号証写

（注1）　法43条6項。
（注2）　取消理由としては、債務超過ではないことや、譲渡される営業が事業継続のために必要ではないこと等が考えられる。

書式番号 120　閲覧制限申立書

平成12年（再）第○○○号

閲覧等の制限申立書

東京都千代田区霞が関○丁目○番○号
申立人（再生債務者）　○○○○株式会社
代表者代表取締役　甲　野　太　郎

東京都千代田区霞が関△丁目△番△号
申立代理人弁護士　乙　野　次　郎
（電話番号　03—○○○○—○○○○）
（FAX番号　03—○○○○—○○○○）

申立ての趣旨

平成12年（再）第○○○号再生事件につき、申立人が提出した平成12年○月○日付営業譲渡許可申請書「申請の理由」欄の(3)の部分について、閲覧若しくは謄写、その正本、謄本又は抄本の交付の請求をすることができる者を申立人に限るとの決定を求める。

申立ての理由

1　申立人は、平成12年○月○○日付営業譲渡許可申請書（以下、「本許可申請書」という。）を提出した再生債務者である。

2　本許可申請書の「申請の理由」欄の(3)の部分に記載されている△△工事の施工方法は、①申立人の代表取締役、専務取締役および取締役技術部長のみがこれを閲読することが許されており（秘密管理）、②△△工事を極めて低コストにて行うことを可能とするもので、申立人にあって生産性の高い△△工事事業を支える技術であり（有用性）、かつ、③刊行物等には記載されておらず一般的に入手することができない状態にあり（非公知性）、営業秘密にあたる。

3　そこで、本許可申請書等が閲覧され営業秘密を第三者が知るところとなれば、申立人（再生債務者）の△△工事事業の競争力を弱め、申立人（再生債務者）の事業の維持再生に著しい支障を生ずるおそれがある。

疎　明　方　法

1　甲第１号証　再生債務者代表者の陳述書

（以下、省略）

添　付　書　類

1　疎甲号証（写し）　各１通

2　支障部分を除いて作成した本許可申請書　１通

平成12年○月○○日

申立代理人弁護士　○　○　○　○　㊞

東京地方裁判所民事第20部　○係　御中

（注１）　法18条に基づく申立である。

（注２）　謄写等を行うことにより、再生債務者の事業の維持再生に著しい支障を生ずるおそれまたは再生債務者の財産に著しい損害を与えるおそれがある部分があることを疎明する必要がある。

（注３）　支障部分の特定が必要（規則10条１項）。

（注４）　本申立は、当該文書の提出の際にしなければならない（規則10条２項）。

（注５）　申立の際には、対象文書から支障部分を除いたものを作成し、裁判所に提出しなければならない（規則10条３項）。

（注６）　実務的には、閲覧等の制限をしなくてすむよう、まず裁判所への提出書類の内容を工夫すべきである。

書式番号 121　事件に関する文書等の閲覧等制限決定

平成12年（モ）第○○号（基本事件平成12年（再）第○○号）

決　　　　　定

東京都千代田区霞が関○丁目○番○号
申立人（再生債務者）　○○○○株式会社
代表者代表取締役　　　甲野　太郎
申立代理人弁護士　　　乙野　次郎

主　　　　　文

平成12年（再）第○○号民事再生手続開始申立事件につき、申立人が提出した平成12年○月○日付営業譲渡許可申請書「申請の理由」欄の(3)の部分については、閲覧若しくは謄写、その正本、謄本若しくは抄本の交付又はその複製の請求をすることができる者を再生債務者に限る。

平成○○年○○月○○日

東京地方裁判所民事第20部

裁判長裁判官　○○○○
裁判官　○○○○
裁判官　○○○○

上記は正本である。

前同日同庁

裁判所書記官　○○○○

書式番号 122　文書等閲覧等制限決定取消の申立書

平成12年（再）第○○号

〒×××—××××　東京都千代田区霞が関×丁目×番×号
申立人　××××株式会社
代表者代表取締役　丙野　三郎
〒×××—××××　東京都千代田区霞が関×丁目×番×号
申立代理人弁護士　丁野　四郎
電話　03—××××—××××
FAX　03—××××—××××
〒○○○—○○○○　東京都千代田区霞が関○丁目○番○号
相手方（再生債務者）　○○○○株式会社
代表者代表取締役　甲野　太郎

閲覧等の制限決定取消の申立書

申 立 の 趣 旨

平成12年（再）第○○号民事再生手続開始申立事件につき、御庁が平成12年○○月○○日になした閲覧等制限決定を取り消す。
との決定を求める（注1）。

申 立 の 理 由

1　御庁は、平成12年○○月○○日、平成12年（再）第○○号民事再生手続開始申立事件につき、申立人が提出した平成12年○月○日付営業譲渡許可申請書「申請の理由」欄の(3)の部分（以下、「本件支障部分」という。）については、閲覧若しくは謄写、その正本、謄本若しくは抄本の交付又はその複製の請求をすることができる者を再生債務者に限る旨の決定をなした。

2　しかし、上記決定後の平成○○年○○月○○日、△△工事の施工方法に関する記事が雑誌「○○○」に掲載されたため、△△工事の施工方法は公然と知られるものとなった。従って、△△工事の施工方法を再生債務者の営業秘密として保護する必要性は消滅し、本件支障部分を再生債務者以外の者が閲覧等をすることを認めても再生債務者の事業の維持再生に著しい支障を生ずるおそれ又は再生債務者の財産に著しい損害を与えるおそれはない（注２）。

3　よって、申立人は民事再生法第18条第３項に基づき、申立の趣旨記載のとおりの決定を求める。

以上

添　付　書　類

1　雑誌○○○○の記事　１通

平成　　年　　月　　日

申立代理人弁護士　丁野　四郎

東京地方裁判所民事第20部　御中

（注１）　法第18条３項に基づく申立である。
（注２）　法第18条１項に規定する閲覧等の制限の要件を欠くこと、又はこれを欠くに至ったことを閲覧制限の取消を求める理由として記載する。

書式番号 123　共益債権化（120条２項）の承認申請

平成12年（再）第○号民事再生手続開始申立事件

（監督委員意見）（注３）

下記申請につき、承認する。

平成12年○月○日

監督委員　　弁護士　△　△　△　△　㊞

平成12年○月○日

監督委員　弁護士　△△△△　殿

再生手続申立後開始決定前の事業活動による債務について
共益債権とする監督委員の承認申請書

再生債務者　　○○○○　株式会社

上記再生債務者代理人

弁護士　　乙　野　次　郎　㊞

第１　承認を求める事項

別紙債権一覧表（省略）記載の各債権について、共益債権とする旨の裁判所の許可に代わる承認を求める（注２）。

第２　承認を求める理由

１　別紙債権一覧表記載の各債権は、資材購入代金、資材運搬代金等の再生債務者が事業活動を行うために必要不可欠な取引から生じた債権である。また、いずれも再生手続申立後開始決定までの間に行われた取引によって生じた債権である。

２　上記債権は、いずれも開始決定までには支払期日が到来しないことから、もし、共益債権として承認されなければ、このままでは再生債権となって再生計画による支払を受けるほかない立場となってしまう。しかしながら、そのような結果となった場合には、再生債務者の再建に協力し、再生債務者を信用して取引を行った各債権者に不測の損害を与えることになり、再生債務者としても事業活動における信用は全くなくなってしまい、今後の再建を望めない結果となってしまう畏れがある。

3　再生債務者は、再生手続申立時の若干の混乱を収束させ、事業活動も順調に再開することができ、資金繰りにおいても順調であることから、上記各債権を共益債権としても何ら支障は生じない。

よって、民事再生法120条１項により、上記各債権を共益債権とする承認を求めるものである。

以上

（注１）　法120条１項。

（注２）　再生手続申立後開始決定前においても、再生債務者は事業活動を行っているのが通常であり、その事業活動に基づく多額の支払債務が生ずることになる。よって、再生手続開始決定時に支払時期が到来しない債権につき、一覧表を作成して別紙として添付し、一括して共益債権として承認を求める申請書とした。

（注３）　再生債務者の申請書に監督委員が署名捺印すれば良い形式とした。なお、裁判所等が監督委員の承認の有無を確認しやすいように、監督委員の承認欄を書面の冒頭に作成した。

（注４）　監督委員は承認をした場合には遅滞なく裁判所に報告しなければならない（規則55条）。なお、東京地裁では、この報告も便宜、申立代理人から行う運用となっている。

書式番号 124　共益債権化承認の報告書（規則55条）

東京地方裁判所民事第20部

合議係　御中

平成12年（再）第○○○号

共益債権化の承認報告書

平成12年　　月　　日

監督委員

弁護士　○　○　○　○

再生債務者からの申立てのあった共益債権化の承認について、別紙のとおり承認いたしましたので、ご報告いたします。

（注１）法120条２項/規則55条。
（注２）東京地裁では、この報告も適宜、申立代理人からしてもらう運用となっている。

書式番号
125
一般優先債権承認の同意申請書（法54Ⅱ）

平成12年（再）第○号　民事再生手続開始申立事件

（監督委員意見）（注5）
下記申請につき、同意する。
平成12年○月○日
監督委員　　弁護士　△　△　△　△　㊞

平成12年○月○日

監督委員　弁護士　△△△△　殿

従業員退職金及び租税債権の一般優先債権承認についての
監督委員の同意申請書

再生債務者　　○○○○　株式会社
上記再生債務者代理人
弁護士　　乙　野　次　郎　㊞

第1　同意を求める事項

1　別紙目録1記載の再生債務者従業員の退職金合計28,700,300円について、一般優先債権として承認することの同意を求める。

2　別紙目録2記載の公租公課合計45,300,720円について、一般優先債権として承認することの同意を求める。

第2　同意を求める理由

1　同意を求める事項1について

別紙目録1記載の各債権者は、再生債務者の従業員である。この度、再生債務者における英会話スクール事業部門の閉鎖に伴い、再生債務者の都合により平成12年○月○日付けで解雇予告通知を受けて解雇された者である。

別紙目録１記載の各債権は、再生債務者の就業規則・社員退職手当規程に基づくものであるので、民法306条及び商法295条により一般先取特権を有しており、民事再生法122条１項により一般優先債権として承認されるべき債権である。

なお、上記退職金債権のうち、金20,000,000円については、適格年金から支払われることになっている。

2　同意を求める事項２について

別紙目録２記載の各債権者は、再生債務者に対し各租税債権を有している。各租税債権は、一般優先徴収権が認められる租税債権もしくはその他の国税徴収法または国税徴収の例により徴収することができる請求権であって、民事再生法122条１項により一般優先債権として承認されるべき債権である。

3　以上から、上記各債権を一般優先債権として承認することの同意を求めるものである。

以上

（注１）　法54条２項。法122条。

（注２）　東京地裁は、一般優先債権の承認について監督委員の同意事項から外しているが、その他の裁判所では監督委員の同意事項に含まれていることもある。

（注３）　従業員の退職金については、民法306条及び商法295条により一般先取特権を有しており、法122条１項により一般優先債権となる。

（注４）　租税債権については、法122条１項の「その他一般の優先権がある債権」に該当し、一般優先債権となる。

（注５）　再生債務者の申請書に監督委員が署名捺印すれば良い形式とした。なお、裁判所等が監督委員の同意の有無を判断しやすいように、監督委員の同意欄を書面の冒頭に作成した。

（注６）　本申請及びそれに対する監督委員の同意は書面でしなければならない（規則21条１項）。

（注７）　再生債務者は同意を得た時は遅滞なく裁判所に報告しなければならない（規則21条２項）。

書式番号
126
月間報告書（定例報告書）

平成12年（再）第○○号

平成12年○月○日

報　告　書（定期）(注1)

東京地方裁判所民事第20部　御　中

再生債務者　○○○○株式会社
代表者代表取締役　甲野　太郎
〒△△△-△△△△
東京都千代田区霞ヶ関△丁目△番△号
上記再生債務者代理人
弁　護　士　乙野　次郎
電話　03—○○○○—○○○○
FAX　03—○○○○—○○○○

頭記事件について、以下のとおり、平成12年○月分の報告をいたします。

第１　業務の状況(注2)
　１　営業状況
　２　工場・施設等の状況
　３　……（以下略）
第２　財産管理の状況(注2)
　１　資金繰りの状況
　　(1)　入金
　　(2)　出金
　２　財産の状況
　　別除権者との交渉状況等

以上

（注１）　法125条２項。
（注２）　再生債務者は、再生債務者の業務及び財産の管理状況その他裁判所の命ずる事項を裁判所に報告しなければならない。

書式番号
127　財産評定書

平成12年（再）第○号

財産価額評定書（注1）

（平成12年○月○日現在）（注2）

申立人（再生会社）　○○○○株式会社

申立代理人
弁　護　士　　乙　野　次　郎

貸借対照表（清算ベース）

平成12年○月○日現在

単位：円

勘定科目	帳簿価格 2000/○/○現在	評定額（注4） （財産処分価格）	備考（注6）
（以下、省略）			

清算貸借対照表会計処理基準（注５）

平成12年〇月〇日

	勘定科目	
	預金	借入金と相殺ないし相殺予定のものを減額した
	売掛金	１年以上滞留売掛金及び回収可能性のないものは評価減を行ったうえ、現金化のための減価として２割を減価した
	貯蔵品	使用不可能なものについては、廃棄処理
	短期貸付金	１年以上滞留貸付金及び回収可能性のないものは評価減を行った上、現金化のための減価として２割を減価した
	投資有価証券	時価が取得価格を下回るものは時価まで評価減
	什器備品	定率法の未償却残高で評価
	建物	建物を再建設費で評価し、定率法の未償却の残高で評価した積算価格（不動産鑑定評価額に基づく）。尚、固定資産実査により存在しないものについては廃棄損
	車両運搬具	定率法の未償却残高で評価。尚、固定資産実査により存在しないものについては廃棄損
	構築物	定率法の未償却残高で評価
	設備	定率法の未償却残高で評価
	電話加入権	時価相場：25,000円×〇本
	ソフトウェア	資産計上したコンサルティング料を償却した
	敷金	会計帳簿を精査したが、相手方が特定できないため、無価値と評価した
	預け金	現金化のための減価として２割減価した
	未払給与	〇月〇日までの未払給与を計上
	リース債務	未払債務を全額計上した
	従業員の退職給付債務	会社都合による退職給付債務を全額計上した

財　産　目　録

平成12年○月○日現在

単位：円

勘定科目	項　　目	簿　　価	評　価　額
(以下、省略)			

(注１)　法124条に基づく財産評定

(注２)　再生手続開始の時における価額を評定する（法124条１項、２項)。

(注３)　財産価額評定書の提出期限は、開始決定の際に決定されるが、通常、開始決定日から１ヵ月ないし５週間程度後に設定される。

(注４)　財産の価額の評定（貸借対照表）は、原則として、再生債務者に属する財産を処分するものとして評定する（規則56条１項本文)。ただし、必要がある場合には、併せて、全部又は一部の財産について、再生債務者の事業を継続するものとして評定することができるものとされている（規則56条１項但書)。

(注５)　法124条２項の財産目録及び貸借対照表の作成にあたっては、その作成に関して用いた財産の評価方法その他会計方針を注記する必要がある（規則56条２項)。

(注６)　貸借対照表の備考欄には、別除権の設定の有無・内容等を記載することを考えている。

書式番号 128　財産評定書の訂正上申書

平成12年（再）第○号　民事再生手続開始申立事件

平成12年○月○日

再生債務者　　○○○○株式会社
代表取締役　　甲　野　太　郎
代理人弁護士　乙　野　次　郎

東京地方裁判所民事第20部　合議係　御中

上　　申　　書
（財産価額評定書の訂正）(注１)

平成12年○月○日提出の財産価額評定書につき、誤りがあったため、次のとおり訂正いたしたく上申いたします。

1　清算貸借対照表

(1)　資産の部　固定資産　有形固定資産　工具器具備品

訂正前）31,677,722

訂正後）316,777,220

（以下、省略）

（注１）　法124条に基づく財産価額評定書について訂正を上申するものである。

書式番号 129　再生債務者報告書（法125）

東京地方裁判所民事第20部　御中
平成○○年（再）第○○号

民事再生法第125条の報告書

平成12年○月○日

再生債務者　○○○○株式会社
同代表取締役　　甲野　太郎
同代理人弁護士　乙野　次郎

第一　再生手続開始に至った事情

再生債務者は、昭和○○年に会社設立後、土木建築工事の請負を中心に、事業を開始し、以降順調に利益を伸ばし、バブル経済により市場が活況であった平成○年には経常利益が約○○億円を超える程度に達した。

その後、景気の継続を見込み、事業の拡大を図るべく、多額の設備投資を行い、高級マンション建設事業に力を注いだところ、バブル経済の破綻とともに平成○年頃より設備投資のための借入金の返済に窮する事態となった。

再生債務者は、事業継続のために、経営の合理化を推進させ、不採算事業からの撤退、人員の大幅な削減、不動産の売却による債務の圧縮を図り、なんとか維持していたが、高級マンションの需要の低下の影響が響き、平成○年○月の決算において約○○億円の負債を計上し、資金繰りが困難となった結果、平成○○年○月○日に御庁に民事再生の申立を行った。

その後、特に人員の削減を中心に、経営の合理化を徹底させた結果、申立時に比べ、好転のきざしが出てきている。

第二　再生債務者の業務及び財産に関する経過及び現状

1　業務状況

再生申立直後は、各取引先や債権者からの対応に追われたものの、幸い再生債務者の説明に各社とも納得していただき、従前の取引関係は継続されている。

また、大口取引先であった申立外○○株式会社からも、マンション建築の安定した発注等の協力を得られた。

そして、監督委員の同意のもとに連鎖倒産防止等の措置を施したほか、更なる人員の削減等の経営の合理化を徹底させたため、営業実績も回復の傾向にある。

2　営業の状況

再生債務者の、平成○○年○月及び○月の収支実績は以下のとおりである。

	○月	○月	○月（予想）
売上高			
売上原価			
販管費			
営業損失			

直近の営業実績が低下している大きな原因は、マンションの受注が低下していたことにあったが、最近になり再生債務者の得意とする高級マンションの需要が増え、安定した受注が見込まれており、今後の実績は増加の傾向にある。

3　財産の状況

再生債務者の財産の現状は、財産評定書記載のとおりである。

現時点で精算したとすると、一般債権者への配当は極めて困難な状況にある。

第三　法第142条第１項の規定による保全処分または第143条第１項の規定による査定の裁判を必要とする事情の有無

上記のとおり、本申立に至った経緯は、マンション建築受注の低下が原因であり、実際、再生債権者や株主等から、役員に対する責任追及を促す申し入れもなく、再生債務者の取締役、監査役に対する損害賠償責任は生じないと判断され、法第142条第１項の規定による保全処分または第143条第１項の規定による査定の裁判を必要とする事情はないと思料する。

第四　その他再生手続きに関し必要な事項

以上

（注１）　法第125条１項。
（注２）　開始決定直後、財産評定とともになされるのが一般である。

書式番号 130　法人の役員に対する保全処分申立書

平成12年（再）第○号

保全処分申立書

当事者の表示　別紙当事者目録記載のとおり

申 立 て の 趣 旨

再生債務者○○○○株式会社の相手方○○○○に対する金１億円の損害賠償債権の執行を保全するため、相手方○○○○所有の別紙物件目録記載の不動産は、仮に差し押さえるとの決定を求める。

申 立 て の 理 由

1　保全すべき損害賠償請求権

(1)　当事者

○○○○株式会社（以下「再生債務者」という）は、平成12年○月○日、御庁において、再生手続開始の決定を受け、御庁平成12年（再）第○号として再生手続が進行している。

相手方甲野太郎（以下「相手方」という）は、再生債務者の取締役であり、昭和○○年○○月○○日に取締役に就任した後、現在に至るまで、再生債務者の取締役である（甲１）。

(2)　再生債務者の損害の発生

相手方は、再生債務者の取締役就任中に、取締役会の決議なくして、再生債務者の取引先との間で、再生債務者と同一の営業を行い、その間、相手方が得た営業利益は、金１億円を下らないことが判明している。なお、相手方は、上記取引先との取引において、再生債務者の在庫を勝手に発送していた可能性があることも判明している。

従って、相手方は、再生債務者に対する取締役としての忠実実務に違反して、少なくとも前記営業利益相当額の損害を発生させたことは明らかである（甲２、３）。

(3)　被保全権利のまとめ

よって、再生債務者は、相手方に対し、少なくとも金１億円の損害賠償請求権を有している。

2　保全の必要性

相手方は、別紙物件目録記載の不動産（以下「本件不動産」という）のほかは見るべき財産を保有しておらず、財産を隠匿、処分する可能性が高く、今のうちに、本件不動産に対し、仮差押えなければ、後日、査定の裁判で認容決定を得た後に強制執行しても、目的を達することができないおそれがある（甲４）。

3　よって、民事再生法142条第１項に基づき、申立の趣旨記載の決定を求める。

添付書類

甲１　商業登記簿謄本

甲２　銀行元帳

甲３　発送伝票

甲４　陳述書

平成12年○年○月

申立人（再生債務者）代理人

弁護士　乙　野　次　郎　㊞

東京地方裁判所　民事第20部　御中

（注１）　法142条に基づく申立である。

（注２）　申立ての方式→規則68条。

書式番号
131
法人の役員の財産に対する保全処分決定

平成〇〇年（　）第〇〇号

決　　　　定

当事者の表示　　別紙当事者目録記載のとおり

主　　　　文

　再生債務者〇〇〇〇株式会社の相手方△△△に対する金〇〇，〇〇〇，〇〇〇円の損害賠償請求権の執行を保全するため、相手方△△△が所有する別紙物件目録記載の不動産は、仮に差し押さえる。

　平成〇〇年〇月〇日

東京地方裁判所　民事第20部
裁判長　裁判官　〇〇〇〇
　　　　裁判官　〇〇〇〇
　　　　裁判官　〇〇〇〇

（注１）　142条参照。
（注２）　民事再生事件が係属する裁判所で行われる。

書式番号 132　損害賠償請求権査定の申立書

損害賠償請求権の査定の申立書

当事者の表示　別紙当事者目録記載のとおり（略）

申立ての趣旨

1　相手方が△△△株式会社に対し、申立人振出名義の下記約束手形を振り出したことにより発生した、申立人の相手方に対する損害賠償請求権の金額を金200,000,000円と査定する。

2　申立ての費用は相手方の負担とする。

との決定を求める。

申立ての理由

1　○○○○株式会社（以下「再生債務者」という。）は、平成12年○月○日御庁に対し、再生手続開始の申立をし（平成12年（再）第○号）、同年○月○日再生手続開始の決定を受けた。

2　相手方は、平成２年に再生債務者の財務・経理担当取締役に就任し、平成12年○月○日までその職にあったものである。（甲１および甲２）

3　相手方は、平成11年○月○日、資金繰りに窮した取引先△△株式会社から融通手形の交付を要請されたことから、代表取締役甲野太郎の許可も得ず、また、同社の財務状況について何らの調査をすることもなく、これに応じ、相手方の保管している手形帳および銀行印を用い、額面200,000,000円、満期日平成○年○月○日の約束手形を同社に振り出し交付した。同社は、上記手形をただちに××銀行で割り引いた。しかし、同社は、平成12年○月○日、上記手形の決済資金を再生債務者に返済することはなく、手形不渡りを出し、事実上倒産した。そのため、再生債務者は、自己資金で上記手形を決済せざるを得なかった。（甲１および甲３）

以上のとおり、相手方の善管注意義務違反により、再生債務者は金200,000,000円の損害を受けたものである。

4　よって、再生債務者は、相手方に対し、申立の趣旨記載の査定を求めるため、この申立てをする。

証　拠　方　法

甲１　陳述書

甲２　閉鎖商業登記簿謄本

甲３　約束手形

添　付　書　類

甲各号証写　　各１通

平成　　年　　月　　日

申立人　再生債務者　　○　○　○　○

代理人弁護士　乙　野　次　郎

東京地方裁判所民事第20部御中

（注１）　法143条に基づく申立である。
（注２）　申立ての方式→規則69条

書式番号 133　損害賠償請求権の査定決定

平成○○年（　）第○○号

決　　　　定

当事者の表示　　別紙目録記載のとおり

主　　　　文

1　相手方が、△△△株式会社に対し、申立人振出名義の下記の約束手形を振り出したことにより発生した、申立人の相手方に対する損害賠償請求権の金額を金○○○，○○○，○○○円と査定する。

記

（省略）

2　申立の費用は相手方の負担とする。

理　　　　由

（省略）

平成○○年○○月○日

東京地方裁判所民事第20部

裁判長　裁判官　○　○　○　○

　　　　裁判官　○　○　○　○

　　　　裁判官　○　○　○　○

（注1）　第144条参照。
（注2）　民事再生事件の係属する裁判所で行われる。

書式番号
134
共益債権等に基づく強制執行等の中止・取消申立書

平成12年（再）第○○○号

一般優先債権に基づく仮差押の取消命令申立書

当事者　別紙当事者目録（省略）記載のとおり

申 立 て の 趣 旨

申立人と相手方との間の平成12年（ヨ）第○○○号仮差押命令申立事件について、御庁が平成12年○月○日にした別紙物件目録記載の物件に係る仮差押決定は、取り消すとの決定を求める。

申 立 て の 理 由

1　申立人は、平成12年４月○日、御庁に対して再生手続開始決定の申立を行ない、平成12年○月○日御庁より再生手続開始の決定を受けた。

2　相手方は、申立人の元従業員であり、申立人に対し金○○○円の退職金支払請求権を有する一般優先債権者である。

3　申立人は、別紙物件目録記載の資材（以下、本物件という。）を有しているが、相手方は平成12年３月○日動産仮差押命令の申立をなし（平成12年（ヨ）第○○○号事件）、平成12年３月　日、動産仮差押決定（以下、本仮差押決定という。）に基づき本物件に対し仮差押えの執行がされた（平成12年（執ハ）第○○○号）。

4　本物件は、申立人が現在施工を継続している別紙受注現場一覧表記載の現場において使用を予定している資材であり、仮差押が執行されたまま使用できない場合には、工事は著しく遅延することとなり、申立人の事業継続は著しく困難となって再生に著しい支障を及ぼすこと明らかである。

他方、申立人は、別紙売掛債権一覧表記載のとおり他に換価の容易な売掛債権を十分に有しており、その回収により相手方の一般優先債権を弁済することは可能である。

5　よって、申立人は、民事再生法122条４項、同121条３項に基づき、本物件に係る本仮差押決定の取消命令を求めて本申立てを行う。

証　拠　資　料

1　甲第１号証　　　　　　　　　仮差押決定

（以下、省略）

添　付　書　類

1　甲号証（写し）　　　　　　　各１通

平成12年○月○日

申立代理人　弁護士　○　○　○　○　㊞

東京地方裁判所民事第20部○係　御中

（注１）　法122条４項、121条３項に基づく申立である。
（注２）　担保を立てることが必要な場合もある。

書式番号
135
債権者委員会関与承認の申立書

平成12年（再）第○○号（再生債務者○○○○株式会社）

平成12年○月○日(注1)

東京地方裁判所民事第20部　御中

東京都▽▽区▽▽町▽▽番▽▽
申立人（利害関係人）　▽▽▽株式会社
上記申立人代表者代表取締役　▽▽　太郎(注2)

債権者委員会承認の申立書(注3)

第1　申立の趣旨

別紙債権者一覧表の「債権者委員」欄に○印を表示した者(注4)をもって構成する委員会が、本件再生手続に関与することを承認するとの裁判を求める。

第2　申立の理由

別紙債権者一覧表の債権者は、いずれも頭書事件の再生債権者としてこれまでに判明している者であり、その債権の内容及び債権額は、別紙債権者一覧表の「債権の内容」欄及び「債権額」欄に記載のとおりである(注5)。

平成12年○月○日に、東京都○○区○○町○○丁目○○番地○○再生債務者の会議室において、再生債務者主催の債権者集会が開催された。同集会には、別紙債権者一覧表の「債権者会議出席者」欄に○印を表示した者が出席し、その席上、別紙債権者一覧表の「債権者委員」欄に○印を表示した者をもって、債権者委員会を構成し、本件再生手続に関与することが、満場一致で承認可決された(注6)。同債権者委員会の委員は、金融機関、大口の下請け業者、小口の下請け業者、材料提供業者等の偏りのない委員構成となっており、本件委員会は再生債権者全体の利益を適切に代表している(注7)。

よって、本申立てに及ぶ。なお、同債権者委員会の連絡担当の委員は、申立人とする予定である(注8)。

添　付　書　類

1　債権者委員会運営規約(注9)　　1通
2　債権者集会議事録(注10)　　1通

3 商業登記簿謄本(注11) ▽通

（別紙）債権者一覧表

No.	債権社名	所在	債権の内容	債権額	債権者会議出席者	債権者委員
1	○○○信用組合	○○区○○町○○番○○	貸金	9,000,000	○	○
2	▽▽▽株式会社	○○区○○町○○番○○	貸金、売掛金	8,513,822	○	○
3	□□工業株式会社	○○区○○町○○番○○	請負代金	7,238,844	○	
4	▽▽鉄建工業	○○区○○町○○番○○	請負代金	6,752,666	○	○
5	有限会社○○資材	○○区○○町○○番○○	売掛金	6,266,488	○	
6	○○○ローン株式会社	○○区○○町○○番○○	貸金	2,266,488	○	○
7	株式会社▽▽屋	○○区○○町○○番○○	売掛金	1,780,310	○	
8	□□ガス	○○区○○町○○番○○	ガス代金	1,294,132	○	
9	▽▽リース株式会社	○○区○○町○○番○○	リース料	807,954	○	
10	○○鉄鋼	○○区○○町○○番○○	売掛金	321,776	○	○
11	□□建物	○○区○○町○○番○○	賃料	273,159	○	
12	○○太郎	○○区○○町○○番○○	貸金	224,542		
13	××資材流通	○○区○○町○○番○○	売掛金	219,681		

（注1） 手続開始後はいつでも申し立てできる。
（注2） 利害関係人（再生債権者、再生債務者、別除権者等）に申立権がある（法118条1項）。住所及び名称等を記載する必要がある（規則53条1項1号）。
（注3） 法118条（債権者委員会の関与承認）に基づく申立である。
（注4） 債権者委員会の委員は、3名以上10名以内である（法118条1項1号、規則52条）。委員の住所及び名称等を記載する必要がある（規則53条1項2号）。
（注5） 委員が有する再生債権の内容を記載する必要がある（規則53条1項3号）。
（注6） 再生債権者の過半数が債権者委員会の手続関与に同意していることが必要となる（法118条1項2号）。
（注7） 当該委員会が再生債権者全体の利益を適切に代表していることが必要となり（法118条1項3号）、その理由を記載する必要がある（規則53条1項4号）。
（注8） 債権者委員会の委員のうち連絡担当者を指定し、裁判所に届け出る等の手続が必要となる（規則54条2項）。
（注9） 債権者委員会の運営に関する定めを記載した書面の添付が必要（規則53条2項1号）。
（注10） 再生債権者の過半数が当該債権者委員会の手続関与に同意していることを認めるに足りる書面の添付が必要（規則53条2項2号）。
（注11） 債権者委員会の委員について、その実在を示す資料である。

書式番号 136　債権者委員会関与承認の議事録

債権者集会議事録(注1)

平成12年○月○日午前○時○○分より(注2)、東京都○○区○○町○○丁目○○番地○○の○○○○株式会社の会議室において、下記債権者の出席を得て、○○○○株式会社の債権者集会が開催された。

出席債権者　合計　　　　　　　○○名
その債権額　合計金○○○○万○○○○円
再生債権総額　合計金○○○○万○○○○円

経過は次のとおりであった。なお、議長は、乙野次郎弁護士がつとめた。

1　ご挨拶（○○○○株式会社代表取締役○○氏）

2　経過説明と再生手続の説明（申立代理人乙野次郎弁護士）

3　財産の状況（○○○○株式会社経理部長○○氏）

4　質疑応答
- ○○鉄鋼「弁済率について」
  …○○○○株式会社経理部長○○氏が「(略)」の旨を回答
- ▽▽▽株式会社「債権者委員会について」
  …申立代理人乙野次郎弁護士が「(略)」の旨を回答
- ○○○ローン株式会社「私財提供について」
  ……○○○○株式会社代表取締役○○氏が「(略)」の旨を回答

5　債権者委員の選出

債権者である▽▽▽株式会社から、「債権者の有志をもって、債権者委員会を構成し、もって民事再生手続において意見を裁判所に述べるべし。」との意見が出されたため、議長より、債権者委員会の制度説明がなされた。その後、討議がなされた結果、別紙債権者一覧表（略）の「債権者委員」欄に○印を表示した者をもって、別紙債権者委員会運営規則（略）のもと債権者委員会を構成し、本件再生手続に関与すること、裁判所等との連絡担当者委員については、▽▽▽株式会社とすることが、満場一致で承認可決された(注3〜7)。

6　議事録署名人

議長より、議事録署名人として、別紙債権者一覧表（略）の「議事録署名人」欄に○印を表示した者をもって充てたい旨を議場に諮ったところ、特に異議がなく、承認可決された

以上をもって議事を終え、弁護士乙野次郎は、午前○○時○○分閉会を宣した。

上記の経過を明確にするため、本議事録を作成し、議長、申立人代表者、議事録署名人がこれに署名捺印する。

平成12年○月○日

議　　　　長	弁　護　士	乙野　次郎
○○○○株式会社	代表取締役	甲野　太郎
議事録署名人	▽▽▽株式会社	▽▽　太郎
議事録署名人	□□工業株式会社	□　三郎

（注1）　法118条（債権者委員会の関与承認）の添付資料として用いることができる。
（注2）　任意の債権者集会であるので、いつでも開催できる。
（注3）　債権者委員会の委員は、3名以上10名以内である（法118条1項1号、規則52条）。
（注4）　再生債権者の過半数が債権者委員会の手続関与に同意していることが、債権者委員会の関与承認のために、必要となる（法118条1項2号、規則53条2項2号）。
（注5）　当該委員会が再生債権者全体の利益を適切に代表していることが、債権者委員会の関与承認のために、必要となる（法118条1項3号）。
（注6）　債権者委員会の委員のうち裁判所等との連絡担当者を決めておくことが望まれる（規則54条2項）。
（注7）　債権者委員会の運営に関して定めることが必要である（規則53条2項1号）。

書式番号
137
共益債権化の同意申請（開始決定後の業務）

平成12年（再）第○号民事再生手続開始申立事件

（監督委員意見）（注4）
下記申請事項につき、同意する。
平成12年○月○日
監督委員　　弁護士　△　△　△　△　㊞

平成12年○月○日

監督委員　弁護士　△△△△　殿

再生手続開始決定後の業務、財産管理・処分費用を
共益債権とすることについての監督委員の包括的な同意申請書

再生債務者　　○○○○　株式会社
上記再生債務者代理人
弁護士　　乙　野　次　郎　㊞

第1　同意を求める事項

別紙各債権者に対して、各再生債務者の業務及び財産管理に関する費用の支払いについて、包括的に共益債権とする承認の同意を求める。

第2　同意を求める理由

別紙記載の各支払は、民事再生法119条2号の「再生手続開始後の再生債務者の業務、……並びに財産の管理……に関する費用の請求権」に該当し、その支払はいずれも再生債務者が再建に向けて事業活動を行っていくのに必要不可欠な支払である。なお、金額については1ヵ月間の概算による金額である。

以上から、上記各請求権は、共益債権に該当するものであり、監督命令第4項（10）の共益債権の承認（注2）についての同意を得たく申請した次第である。

以上

（注１）　法119条２号。
（注２）　東京地裁では、共益債権の承認について、監督委員の同意事項から外しているので、この申請は不要である。その他の裁判所では監督委員の同意事項となっているようである。再生債務者の再生手続開始決定後の事業活動における費用について、個別に共益債権としての監督委員の同意を得る作業は非常に煩雑であることから、別紙において、支払先が特定できるものについては支払先を特定してその支払内容及び一ヵ月間の概算による支払金額を記載し、支払先の特定が困難なものは支払内容と一ヵ月間の概算の支払金額のみを記載して、包括的に監督委員から同意を得る申請書とした。よって、特別な支出が生じない限り、この申請書で再生債務者の再生手続開始決定後における事業活動上の支出については共益債権として承認されることになる。
（注３）　この申請に対し、監督委員としては、無条件に同意する場合と、一か月ごとの支出明細を報告することを条件として同意する場合が考えられる。
（注４）　再生債務者の申請書に監督委員が署名捺印すれば良い形式とした。なお、裁判所等が監督委員の同意の有無を判断しやすいように、監督委員の同意欄を書面の冒頭に作成した。
（注５）　本申請及びそれに対する監督委員の同意は書面でしなければならない（規則21条１項）。
（注６）　再生債務者は同意を得た時は遅滞なく裁判所に報告しなければならない（規則21条２項）。

書式番号
138
借入同意申請書

平成12年（再）第○号民事再生手続開始申立事件

（監督委員意見）
下記申請につき、同意する（注２）（注４）。
平成12年○月○日
監督委員　弁護士　△　△　△　△　　印

平成12年○月○日（注５）

監督委員　弁護士　△△△△　殿

監督委員の同意申請書（借入）（注１）（注２）

再生債務者　○○○○株式会社
上記再生債務者代理人弁護士　乙野次郎　㊞

第１　申立ての趣旨

申立外▽▽株式会社（代表取締役▽▽▽▽、東京都▽区▽町▽丁目▽番地）から、金5,000万円を別紙条件にて借り入れることについての同意を求める。

第２　申立ての理由

申立外▽▽株式会社は、機械製造を業とする株式会社であり、従前から、申立人と営業上の提携関係を有している会社である。今回、申立人が民事再生手続開始申立をおこなったことにより、申立人に一時的な資金繰りの混乱が生じるおそれがあることから、申立外▽▽株式会社に対して支援を要請したところ、同社から別紙条件（金銭消費貸借契約書案）にて、支援融資をすることについて内諾を得た。

よって、申立人の資金繰りを安定化し、営業活動に専念するため、本件融資を受ける必要性があることから、上記同意の申請をおこなう（注３）。

以上

（注１）　法54条２項により監督委員の同意事項とされている場合の同意申請である。
（注２）　同意申請と同意とは、書面による（規則21条１項）。
（注３）　同意を得た再生債務者はその旨を裁判所に報告する（規則21条２項）。
（注４）　監督委員の同意を得ないでした行為は原則無効である（法54条４項）。
（注５）　監督命令の有効期間中に申請をおこなう。監督命令中の同意事項について、東京地裁では、「ただし、再生計画認可決定があった後は、この限りでない。」として、認可決定後は、同意不要としている。監督命令の変更又は取消は法54条５項、再生手続終結決定による監督命令の失効は法188条４項を参照。

書式番号 139　借入に関する同意および共益債権化承認申請（法54Ⅱ、120Ⅱ）

平成12年（再）第○号民事再生手続開始申立事件

（監督委員意見）（注5） 下記申請事項１につき、同意する。 下記申請事項２につき、承認する。 平成12年○月○日 監督委員　　弁護士　△　△　△　△　㊞

平成12年○月○日

監督委員　弁護士　△△△△　殿

再生手続申立後の借入金を共益債権とする監督委員の同意等申請書

再生債務者　　○○○○　株式会社
上記再生債務者代理人
弁護士　　乙　野　次　郎　㊞

第１　同意及び承認を求める事項

１　株式会社☆☆（東京都千代田区大手町○丁目○番○号　代表取締役　丙野三郎）から、金１億円を別紙融資条件に基づいて借り入れることについての同意を求める（注1）。

２　上記１の借入金の元本及び利息・損害金債権について、共益債権とする旨の裁判所の許可に代わる承認を求める（注3）。

第２　同意及び承認を求める理由

１　株式会社☆☆の概要は別紙「株式会社☆☆の概要」のとおりであるが、再生債務者の主要取引先であり、その売上は再生債務者の総売上の約３割を占める。そして、株式会社☆☆の代表取締役丙野三郎と再生債務者代表取締役甲野太郎とは、それぞれ先代からのつき合いであり、両社は互いに強い信頼関係を築いてきた。

株式会社☆☆からは、再生手続申立後においても、従前以上の取引を再生債務者との間において行って頂いており、全面的に再生債務者に対して営業上の協力を行って頂いてきたところである。

2　この度、再生債務者がリストラの一環として不採算部門であったカルチャースクール事業部門を閉鎖するにあたり、別紙費用一覧記載のとおり、解雇した従業員に対する退職金の支払い等かなりの費用の支出が見込まれるため、再生債務者から株式会社☆☆に対して、その費用の原資として金１億円の融資を申し入れたものである。

3　株式会社☆☆からは、別紙確認書記載のとおり、融資金元本及び利息・損害金債権が共益債権となり、監督委員から同意及び承認が得られることを条件として、融資に応じる旨の確約を得ている。

別紙融資条件のとおり、返済条件においては再生債務者が再生手続中であることを十分に考慮され、再生債務者において十分履行できるものであると考えられる。以上から、上記融資についての同意と、融資元本及び利息・損害金債権について民事再生法120条１項に基づき、裁判所の許可に代わる承認を求める。

以上

（注１）　法54条２項。

（注２）　監督委員の同意を得ないで行った行為は無効となる（法54条４項）。

（注３）　法120条。

（注４）　監督委員はこの承認を行った場合には遅滞なく裁判所に報告しなければならない（規則55条）。なお、東京地裁では、申立代理人が便宜報告する運用である。

（注５）　再生債務者の申請書に監督委員が署名捺印すれば良い形式とした。なお、裁判所等が監督委員の同意・承認の有無を判断しやすいように、監督委員の同意・承認欄を書面の冒頭に作成した。

（注６）　本同意申請及びそれに対する監督委員の同意は書面でしなければならない（規則21条１項）。

（注７）　再生債務者は同意を得た時は遅滞なく裁判所に報告しなければならない（規則21条２項）。

書式番号
140
手形割引同意申請

平成12年（再）第〇号民事再生手続開始申立事件

（監督委員意見）
下記申請につき、同意する（注2）（注4）。
平成12年〇月〇日
監督委員　弁　護　士　　△　△　△　△　　印

平成12年〇月〇日（注5）

監督委員　弁護士　△△△△　殿

監督委員の同意申請書（手形割引）（注1）（注2）

再生債務者　〇〇〇〇株式会社
上記再生債務者代理人弁護士　乙野次郎　㊞

第1　申立ての趣旨
再生債務者が保有する別紙手形目録記載の約束手形について、下記条件により手形割引を受けることについての同意を求める。

記

1　割 引 先　▽▽▽銀行
2　割引手形　別紙手形目録記載のとおり（合計▽枚、合計額面▽▽▽▽万円）
3　割引代金　▽▽▽▽万円
4　買戻条件　手形が不渡りとなった場合に、手形額面にて買い戻す。

第2　申立ての理由
再生債務者は、振出人を▽▽▽▽株式会社等とする別紙手形目録記載の手形（以下、本件手形という。）を所持しているが、平成12年▽月▽日に、別紙資金繰表記載のとおり、金▽▽▽▽万円の支払いを予定しているため、同日までに資金の手当をする必要性がある。そこで、▽▽▽銀行等に対して、決済資金の融資を含めた資金手当の打診をおこなっていたところ、▽▽▽銀行から、本件手形を割り引く方法により資金融通が可能であるとの内諾を得た。本件手形の振出人は、いずれも信用のある取引先であり、手形の決済の確実性は高いと思われる。

よって、申立人の資金繰りを安定化し、営業活動に専念するため、本件手形割引を受ける必要性があることから、上記同意の申請をおこなう(注3)。

添　付　資　料

1　約束手形写し
2　資金繰り表

以上

（注１）　法54条２項により監督委員の同意事項とされている場合の同意申請である。
（注２）　同意申請と同意とは、書面による（規則21条１項）。
（注３）　同意を得た再生債務者はその旨を裁判所に報告する（規則21条２項）。
（注４）　監督委員の同意を得ないでした行為は原則無効である（法54条４項）。
（注５）　監督命令の有効期間中に申請をおこなう。監督命令中の同意事項について、東京地裁では、「ただし、再生計画認可決定があった後は、この限りでない。」として、認可決定後は同意不要としている。監督命令の変更又は取消は法54条５項、再生手続終結決定による監督命令の失効は法188条４項を参照。

書式番号 141 財産処分同意申請書

平成12年（再）第○号民事再生手続開始申立事件

（監督委員意見） 下記申請につき、同意する（注2）（注4）。 平成12年○月○日 監督委員　弁　護　士　　△　△　△　△　　印

平成12年○月○日（注5）

監督委員　弁護士　△△△△　殿

監督委員の同意申請書（財産の処分）（注1）（注2）

再生債務者　○○○○株式会社
上記再生債務者代理人弁護士　乙野次郎　㊞

第1　申立ての趣旨

再生債務者が保有する別紙物件目録記載の土地を下記条件にて売却し、所有権移転登記手続をすることについての同意を求める。

記

1　買　　　主　株式会社▽▽▽不動産販売
2　代　　　金　金▽▽▽▽万円
3　その他条件　別紙売買契約書案記載のとおり

第2　申立ての理由

再生債務者は、別紙物件目録記載の土地（以下、本件土地という。）を所有しているが、本件土地は現在事実上の遊休地であり、再生債務者の一時資材置き場として使用されているのみであり、債務者の事業についての特段の貢献もなく処分相当の資産である。そこで、申立人の資金繰りを安定化し、営業活動に専念するため、本件土地を売却するべく買い手を募集していたところ、合計▽名から買い受けの申込みがあり、別添買付証明書のとおり株式会社▽▽▽不動産販売の申込額が最も高く、かつ、再生債務者の評価上も適価であると思料された。

よって、本件土地の売却に同意されたく、上記同意の申請をおこなう(注3)。

添　付　資　料

1　不動産登記簿謄本　1通
2　固定資産評価証明書　1通
3　不動産業者の評価書　1通
4　買付証明書　▽通

以上

（注1）　法54条2項により監督委員の同意事項とされている場合の同意申請である。
（注2）　同意申請と同意とは、書面による（規則21条1項)。
（注3）　同意を得た再生債務者はその旨を裁判所に報告する（規則21条2項)。
（注4）　監督委員の同意を得ないでした行為は原則無効である（法54条4項)。
（注5）　監督命令の有効期間中に申請をおこなう。監督命令中の同意事項について、東京地裁では、「ただし、再生計画認可決定があった後は、この限りでない。」として、認可決定後は、同意不要としている。監督命令の変更又は取消は法54条5項、再生手続終結決定による監督命令の失効は法188条4項を参照。

書式番号 142　再生債務者の契約解除通知

解　除　通　知(注1)

前略

当職は、再生債務者○○○○株式会社（以下、再生債務者という。）の代理人として、以下の事項を通知します。

再生債務者は、貴社との間で、平成○年○月○日、再生債務者を買主、貴社を売主とする、機械「○○A８―○○73B型」20台の売買契約を締結しましたが(注2)、その後、貴社においても既にご案内のとおり、双方の債務の履行のないまま、再生債務者について、平成○年○月○日午後○時、東京地方裁判所から再生手続開始決定がなされました（平成12年（再）第○号民事再生手続開始申立事件）(注3)。

これに伴い、再生債務者と貴社との間の契約については、双方未履行のままとなっておりましたので、同契約について、本書面をもって、民事再生法49条に基づき、解除をする旨をご通知いたします。

ご迷惑をおかけしますが、ご容赦下さい。なお、今後の本件解除に関する問い合わせは、お手数ですが、当職宛に文書にてお願いします。

早々

平成12年○月○日(注4)

〒○○○―○○○○
東京都○○区○○町○○番地○○
○○○○ビル○○階
○○○○法律事務所
再生債務者○○○○株式会社代理人
弁護士　乙野次郎

〒○○○―○○○○
東京都○○区○○町○○番地○○
▽▽▽株式会社　御中

（注１）　法49条に基づく解除通知である。後日の紛争を避けるために配達証明付き内容証明郵便にて送付する例を想定した。

（注２）　契約の特定をおこなう。類似取引があって判別が紛らわしい場合には、念のため、別途、普通郵便にて、契約書の写しを送付することも考えられる。

（注３）　開始決定の写しは、別の機会に事前に送付されていることが多いと思われるが、上記契約書の送付の際に、普通郵便中に同封することも考えられる。

（注４）　再生手続開始の後に送付する（法49条）。

書式番号
143
相手方の催告書

催　　告　　書(注1)

拝啓

貴社におかれましては益々ご清栄のことと存じます。

さて、貴社と弊社との間の、平成○年○月○日付、貴社を買主、弊社を売主とする、機械「○○A８—○○73B型」20台の売買契約についてですが、双方その履行をしないまま、貴社において平成○年○月○日午後○時に東京地方裁判所において再生手続開始決定がされております（平成12年（再）第○号民事再生手続開始申立事件）。

ついては、本書面到達後３週間以内に(注2)、上記契約を解除するか、あるいは履行を請求するかについて、貴社においてご検討のうえ回答されたく、民事再生法49条に基づいて催告をいたします。弊社としては、契約の履行を希望しております。上記期間内に回答をいただけない場合には、民事再生法49条の規定に基づいて、解除権を放棄したものとして、以後の手続を進めさせていただくこととなりますので、ご検討のうえ、早めのご回答をお待ちしております。

敬具

平成12年○月○日(注3)

〒○○○—○○○○
東京都○○区○○町○○番地○○
▽▽▽株式会社
営業２部　担当　□□□□

〒○○○—○○○○
東京都○○区○○町○○番地○○
○○○○株式会社　御中

（注１）　法49条２項に基づく催告である。後日の紛争を避けるために配達証明付き内容証明郵便にて送付する例を想定した。

（注２）　法49条２項に定める「相当の期間」については、会社更生法103条２項（30日）の如き法定日数は定められていない。

（注３）　再生手続開始の後に送付する（法49条１、２項）。また、再生債務者等から解除または履行の選択がなされた後は、催告の実益がない。

書式番号
144
簡易再生の申立書

平成12年（再）第○○○号

簡易再生の申立書

東京都千代田区霞が関○丁目○番○号
申立人（再生債務者）　○○○○株式会社
代表者代表取締役　甲　野　太　郎
東京都千代田区霞が関△丁目△番△号
申立代理人弁護士　乙　野　次　郎
（電話番号　03—○○○○—○○○○）
（FAX番号　03—○○○○—○○○○）

申立ての趣旨

本件について、簡易再生の決定を求める。

申立ての理由

1　再生債務者が提出した別紙再生計画案（添付省略）(注1)について、届出再生債権者の総債権額○○億円の80パーセント(注2)に当たる○○億円の債権を有する届出再生債権者○○人が、添付の同意書（添付省略）のとおり、再生計画案並びに再生債権の調査および確定の手続を経ないことに同意している。
2　本件申立をするに当たり、再生債務者は、平成12年○月○日、労働組合にその旨を通知した。
3　よって、申立ての趣旨の決定を求める。

添付書類
1　同意書　○○通
2　届出債権者一覧表　1通（添付省略）(注3)
3　報告書　1通（添付省略）(注4)

平成12年○月○日(注5)

申立代理人弁護士　乙　野　次　郎　㊞

東京地方裁判所民事第20部　○係　御中

（注1）　民事再生法211条3項の却下事由に注意。
（注2）　民事再生法211条1項の要件は、届出再生債権者の総債権について裁判所が評価した額の5分の3以上に当たる届出再生債権者の同意。
（注3）　債権者及び債権額を記載した届出債権者一覧表に、同意した債権者を明示する。
（注4）　労働組合に対し、口頭で通知（民事再生法211条2項）した場合の報告書。労働組合に対し交付した書面の写しを添付することも考えられる。
（注5）　債権届出期間の経過後一般調査期間の開始前（民事再生法211条1項）。

書式番号 145　簡易再生の同意書

同　意　書

再生債務者○○○○株式会社の再生事件（東京地方裁判所平成12年（再）第○○○号）について、届出再生債権者として、下記の事項に同意します。

記

1　再生債務者が提出した別紙再生計画案（添付省略）
2　再生債権の調査及び確定の手続を経ないこと

なお、簡易再生の決定がなされ、再生計画案について決議をするための債権者集会が招集された場合に、当社が出席しなくても当社が当該債権者集会に出席して再生計画案について賛成したものとして扱われても異議はありません（注1）。

平成12年○月○○日（注2）

（住所又は本店所在地）
（債権者番号　○番）届出再生債権者　○○○○株式会社
代表者代表取締役　○○○○　㊞
（電話番号　03—○○○○—○○○○）
（FAX番号　03—○○○○—○○○△）

再生債務者○○○○株式会社　御中

（注1）　法律上特に必要のない記載であるが、再生債権者に簡易再生への同意の意味（法214条3項）について詳しく説明するものである。
（注2）　債権届出期間の経過後一般調査期間の開始前（法211条1項）。

書式番号 146 簡易再生に対する同意の依頼書

債権者 各位

平成12年○月○日

○○○○株式会社
代表者代表取締役 甲 野 太 郎
申立代理人弁護士 乙 野 次 郎 ㊞
（電話番号 03—○○○○—○○○○）
（FAX番号 03—○○○○—○○○○）

簡易再生に対する同意の依頼書

拝啓 貴社益々ご清栄のこととお慶び申し上げます。

さて、当社は、平成12年○月○日東京地方裁判所に対して再生手続開始の申立てをなし、裁判所及び監督委員の監督のもと、各位のご支援、ご助力を頂きながら今日まで事業の再建に取り組み再生計画を作成するべく努力してまいりましたが、今般、平成12年△月△日に(注1)東京地方裁判所に対し別紙のとおり再生計画案を提出するに至りました。

ところで、当社による大口債権者からの事前の意見聴取の結果によりますと、多くの債権者の方が別紙再生計画案に好意的であり、民事再生法の定める債権調査、確定手続という煩雑な手続を経ずに簡易迅速な手続の進行を望んでおられるものと思われます。

そこで、当社は、各位のご同意が得られれば、本再生手続について東京地方裁判所に簡易再生の申立を行ない、簡易再生手続により簡易迅速に手続を進行させたいと考えております。

簡易再生手続とは、一定の要件のもと簡易再生の決定がなされると債権調査・確定手続を経ずにただちに再生計画案の決議のための債権者集会が開催され、簡易かつ迅速な再生計画の成立が可能な手続であり、簡易再生手続によった場合には、債権調査・確定手続を経る場合に比べ一般的に２、３ヵ月間程手続に要する時間が短縮でき、申立てから再生計画の認可決定まで３、４ヵ月程度とされています。

簡易再生の決定には、裁判所が評価した総債権額の５分の３以上の届出再生債権者の同意が必要です。つきましては、ご同意頂ける方は、必ず同封した同意書(注2)に記名押印の上ご返送いただきますようお願い申し上げます。

何卒、簡易再生手続による簡易迅速な手続の進行にご理解を賜り、簡易再生手続に対するご同意を頂きますよう重ねてお願い申し上げます。なお、再生計画案及び簡易再生手続等につきご質問等ある場合には、担当△△△△（電話△△△△）までご連絡下さい。

敬具

（注１） 再生計画案の事前提出の制度（民事再生法164条）を利用して、債権届出期間満了前に再生計画を裁判所に提出しておく。
（注２） 書式145参照。

書式番号
147
簡易再生の決定公告文（その１）

平成12年（再）第○号

鹿児島県鹿児島市○○町○番地○
申立人（再生債務者）　○○○○株式会社

1　主文　本件について簡易再生の決定をする。

2　債権者集会の期日　平成12年○月○日午後○時

3　再生計画案
第１　下記A及びBの再生債権者を除く再生債権者について
1　再生債権のうち、元本の30パーセントを以下のとおり分割して支払う。
①　平成12年12月20日限り、15パーセント
②　平成13年12月20日限り、15パーセント
2　下記A及びBの再生債権者を除く再生債権者は、①及び②の支払が履行されたときは、その余の再生債権を全額免除する。
第２　下記Aの再生債権者について
1　下記Aの再生債権者全員の再生債権額が確定した日、或いは同債権者全員と再生債務者との間に再生債権とすべき金額についての合意が成立した日のいずれか早い日から２週間後に、再生債権のうち元本の30パーセントを支払う。
2　下記Aの再生債権者は、前項の支払が履行されたときは、その余の再生債権を全額免除する。
第３　下記Bの再生債権者について
下記Bの再生債権者は、再生計画認可決定確定のときにその再生債権の全額を免除する。

記（省略）

平成12年○月○日　　鹿児島地方裁判所

書式番号 148　簡易再生の決定公告文（その２）

平成12年（再）第○号

富山県○○市○○町○○番地○
申立人（再生債務者）　○○○○株式会社

1　主文　本件について簡易再生の決定をする。

2　債権者集会の期日　平成12年○月○日午後○時

3　再生計画案
⑴　再生債権
届出再生債権者総数　△△△△株式会社ほか15人
届出総債権額　　　　金123,456,000円
⑵　権利の変更
ア　元本20万円以上の再生債権につき、元本の30％に相当する額及び利息・遅延損害金について免除を受ける。
イ　元本20万円未満の再生債権につき、利息・遅延損害金について免除を受ける。
⑶　弁済の方法
ア　元本20万円以上の再生債権につき、⑵アによる免除後の金額は次のとおり分割して支払う。
第１回　再生計画認可決定が確定した日から１ヵ月以内に、その15％に相当する額
第２回　平成13年11月末日までにその10％に相当する額
第３回　平成14年11月末日までにその10％に相当する額
第４回以降　平成15年から平成21年までの毎年11月末日までにその５％に相当する額
イ　元本20万円未満の再生債権につき、⑵イによる免除後の金額は、再生計画認可決定が確定した日から１ヵ月以内に支払う。

平成12年○月○日　　　　富山地方裁判所

書式番号
149
簡易再生の決定公告文（その３）

平成12年（再）第○号

宮崎県宮崎市○○町○丁目○番○号
申立人（再生債務者）　○○○○株式会社

1　主文　本件について簡易再生の決定をする。

2　債権者集会の期日　平成12年○月○日午前○時

3　再生計画案
⑴　再生債権
届出再生債権者総数　△△△△株式会社ほか12人
届出総債権額　金123,456,789円
⑵　権利の変更
すべての再生債権者の権利（再生手続開始前の罰金等を除く。）につき、開始決定日の前日までの利息・損害金並びに開始決定日以降の利息・損害金について免除を受ける。
⑶　弁済の方法
免除後の金額について次のとおり分割して支払う。
再生計画認可決定が確定した日の属する月の末日を第１回とし、毎月末日限り、合計72回

平成12年○月○日　宮崎地方裁判所民事△部

書式番号
150
簡易再生の決定公告文（その４）

平成12年（再）第○号

大阪府北区西天満○丁目○番○号
申立人（再生債務者）　○○○○株式会社

1　主文　本件について簡易再生の決定をする。

2　債権者集会の期日　平成12年○月○日午後○時

3　再生計画案
第１　再生債権に対する権利の変更及び弁済方法
１　一般条項
(1)　権利の変更
再生債権の内、元本の40％の支払を条件として、元本の60％及び利息・遅延損害金について免除を受ける。
(2)　弁済の方法
前記(1)による元本の40％の金額は下記のとおり分割して支払う。

記（省略）

２　別除権者の権利に関する定め
(1)　別除権の行使によって弁済を受けることができない債権の部分（以下、「不足額」という）が確定したときは、前記１の定めを適用する。
(2)　再生債権者より不足額が確定した旨の通知を受けた日に既に弁済期が到来している分割金については、当該通知を受けた日から２週間以内に支払う。
(3)　別除権者が根抵当権者であって、その再生債権である被担保債権がその極度額を超える部分については、根抵当権の元本が確定している場合には、前記１の定めに従って、仮払いをする。
(4)　前項に定める仮払をした場合であって後に不足額が確定した旨の通知を受けた日

までに、その不足額を前提として既に弁済期が到来している分割金の合計額と、それまでに支払った仮払金の合計額との差額を当該通知を受けた日から２週間以内に支払う。

３　弁済に関するその他の事項

⑴　免除における端数の処理

再生債権の免除において生じる免除額の１円未満の端数は、切り上げる。

⑵　分割弁済における端数の処理

再生債権に対する分割弁済において生じる1000円未満の端数は、最終弁済期日の分割弁済分以外は、それぞれ1000円に切り上げ、最終弁済期日の前回までの分割弁済額の合計額を総弁済金額から控除した金額を最終弁済期日の弁済額とする。

⑶　弁済の方法

再生計画における弁済は、再生債権者が指定する金融機関の口座に振り込む方法により支払う。

４　共益債権の弁済方法

平成12年○月○日までに発生した共益債権の未払残高は０円である。

平成12年○月○日以降に発生する共益債権は随時支払う。

５　一般優先債権の表示及び弁済方法

⑴　公租公課　０円

⑵　従業員の未払い退職金・賞与金債権総額は次のとおりである。

優先債権者総数　○○○○他５名

優先債権総額　　20,500,000円

未払い一般優先債権及び平成12年○月○日以降に発生する一般優先債権は随時支払う。

平成12年○月○日　　大阪地方裁判所第６民事部

書式番号 151 労働者の代表に対する通知書

簡易再生申立の通知

○○労働組合

代表者○○○○殿　　　　　　　　　　平成12年○月○日

再生債務者　○○○○株式会社

代表者代表取締役　　　　甲野　太郎

再生債務者代理人弁護士　乙野　次郎

日々の職務に邁進されている社員の皆様、誠にご苦労様です。

さて、弊社は、平成12年○月○日、東京地方裁判所に対して再生手続開始の申立をしましたが、特別多数の債権者（届出再生債権者の総債権について裁判所が評価した額の５分の３以上に当たる債権を有する届出債権者）から、再生計画案及び再生債権の調査及び確定の手続きを経ないことについての同意が得られましたので、簡易再生の申立をする運びとなりました。

以上ご通知申し上げるとともに、社員の皆様には今後も弊社の再建にご協力いただきますよう、よろしくお願い申し上げます。

（注１）　簡易再生の申立の要件として、労働組合等（42条３項参照）に簡易再生の申立をすることを通知することが必要（211条２項）。

なお、同意再生手続の場合も、労働組合等に対する通知が必要（217条６項→211条２項）。

書式番号
152
同意再生の申立書

平成12年（再）第○○○号

同意再生の申立書

東京都千代田区霞が関○丁目○番○号
申立人（再生債務者）　○○○○株式会社
代表者代表取締役　甲野　太郎
東京都千代田区霞が関△丁目△番△号
申立代理人弁護士　乙野　次郎
（電話番号　03─○○○○─○○○○）
（FAX番号　03─○○○○─○○○○）

申立ての趣旨

本件について、同意再生の決定を求める。

申立ての理由

1　再生債務者が提出した別紙再生計画案（添付省略）（注1）について、全ての届出再生債権者○○人が、添付の同意書（添付省略）のとおり、再生計画案並びに再生債権の調査および確定の手続を経ないことに同意している。
2　本件申立をするに当たり、再生債務者は、平成12年○月○日、労働組合にその旨を通知した。
3　よって、申立ての趣旨の決定を求める。

添付書類
1　同意書　　○○通
2　報告書　　　1通（添付省略）（注2）

平成12年○月○日（注3）

申立代理人弁護士　　乙野　次郎　㊞

東京地方裁判所民事第20部　○係　御中

（注1）　民事再生法217条6項が準用する211条3項の却下事由に注意。
（注2）　労働組合に対し、口頭で通知（民事再生法217条6項の準用する211条2項）した場合の報告書。労働組合に対し交付した書面の写しを添付することも考えられる。
（注3）　債権届出期間の経過後一般調査期間の開始前（民事再生法217条1項）。

書式番号 153 同意再生の決定

平成12年（再）第○○号　再生手続開始申立事件

決　　　定

東京都○区○○丁目○○番○号
再生債務者　株式会社○○○
代表者代表取締役　○○○○

主　　　文

本件について同意再生の決定をする。

理　　　由

全ての届出再生債権者が、書面により、本件再生計画について同意し、かつ、民事再生法に定める再生債権の調査及び確定の手続を経ないことに同意した。

平成12年　　月　　日

東京地方裁判所民事第20部
裁判長裁判官　　○○○○
裁判官　　○○○○
裁判官　　○○○○

上記は正本である。
前同日同庁
裁判所書記官　　○○○○

書式番号
154
同意再生の同意書

同　意　書

再生債務者○○○○株式会社の再生事件（東京地方裁判所平成12年（再）第○○○号）について、届出再生債権者として、下記の事項に同意します。

記

1　再生債務者が提出した別紙再生計画案（添付省略）
2　再生債権の調査及び確定の手続を経ないこと

なお、同意再生の決定が確定したときは、別に債権者集会の決議を経ることなく別紙再生計画案について再生計画認可の決定が確定したものとみなされることは了解しております（注1）。

平成12年○月○○日（注2）

（住所又は本店所在地）
（債権者番号○○○番）届出再生債権者　○○○○株式会社
代表者代表取締役　○　○　○　○　㊞
（電話番号　03—○○○○—○○○○）
（FAX番号　03—○○○○—○○○○）

再生債務者○○○○株式会社　御中

（注１）　法律上特に必要のない記載であるが、再生債権者に同意再生への同意の意味（法219条１項）について詳しく説明するものである。
（注２）　債権届出期間の経過後一般調査期間の開始前（民事再生法217条１項）。

書式番号
155
同意再生に対する同意の依頼書

債権者　各位

平成12年○月○日

○○○○株式会社
代表者代表取締役　　甲　野　太　郎
申立代理人弁護士　　乙　野　次　郎　㊞
（電話番号　03―○○○○―○○○○）
（FAX番号　03―○○○○―○○○○）

同意再生に対する同意の依頼書

拝啓　貴社益々ご清栄のこととお慶び申し上げます。

さて、当社は、平成12年○月○日東京地方裁判所に対して再生手続開始の申立てをなし、裁判所及び監督委員の監督のもと各位のご支援、ご助力を頂きながら今日まで事業の再建に取り組み再生計画を作成するべく努力してまいりましたが、今般、平成12年△月△日に（注1）東京地方裁判所に対し別紙のとおり再生計画案を提出するに至りました。

ところで、当社による大口債権者からの事前の意見聴取の結果によりますと、別紙再生計画案に明示的に反対に意向を表明する債権者はおられず、民事再生法の定める債権調査、確定手続という煩雑な手続を経ずに簡易迅速に手続を進行させることについては、いずれも好意的と思われます。

そこで、当社は、各位皆様のご同意が得られれば、本再生手続について東京地方裁判所に同意再生の申立を行ない、同意再生手続により簡易迅速に手続を進行させたいと考えております。

同意再生手続とは、一定の要件のもと同意再生の決定がなされると債権調査・確定手続を経ずにしかも再生計画案の決議を経ずに、極めて、簡易かつ迅速に再生計画の認可をする手続であり、同意再生手続によった場合には、通常の債権調査・確定手続を経る場合に比べ一般的に３ヵ月間程手続に要する時間が短縮でき、申立てから２ヵ月程度で同意再生の決定が得られるものと見込まれ、これが確定した時に再生計画認可決定が確定したものと見なされます。

同意再生の決定には届出再生債権者全員が同意する必要があります。つきましては、ご同意頂ける方は、必ず同封した同意書（注2）に記名押印の上ご返送いただきますようお願い申し上げます。

何卒、同意再生手続による簡易迅速な手続の進行にご理解を賜り、同意再生手続に対するご同意を頂きますよう重ねてお願い申し上げます。なお、再生計画案及び同意再生手続等につきご質問等ある場合には、担当△△△△（電話△△△△）までご連絡下さい。

敬具

（注１）　再生計画案の事前提出の制度（民事再生法164条）を利用して、債権届出期間満了前に再生計画を裁判所に提出しておく。

（注２）　書式154参照。

書式番号
156
監督命令（再生手続開始決定前・東京地裁）

平成12年（再）第○○号　民事再生手続開始申立事件

決　　　　　定

東京都○区○○丁目○○番○号
再生債務者　株式会社○○○
代表者代表取締役　○○○○

主　　　　　文

1　株式会社○○○○について監督委員による監督を命ずる。
2　監督委員として、次の者を選任する。
　　東京都○○区○○○—○—○
　　弁護士　○○○○
3　監督委員は、再生債務者が、民事再生法120条１項に規定する行為によって生ずべき相手方の請求権を共益債権とする旨の裁判所の許可に代わる承認をすることができる。
4　再生債務者が次に掲げる行為をするには、監督委員の同意を得なければならない。ただし、再生計画認可決定があった後は、この限りでない。
(1)　再生債務者が所有する財産に係る権利の譲渡、担保権の設定、賃貸その他一切の処分（商品の処分その他常務に属する財産の処分を除く）
(2)　再生債務者の有する債権について譲渡、担保権の設定その他一切の処分（再生債務者による取立てを除く）
(3)　財産の譲受け（商品の仕入れその他常務に属する財産の譲受けを除く）
(4)　貸付け
(5)　金銭の借入れ（手形割引を含む。）及び保証
(6)　債務免除、無償の債務負担行為及び権利の放棄
(7)　別除権の目的の受戻し

平成12年○月○日

東京地方裁判所民事第20部
裁判長裁判官　○○○○
裁判官　○○○○
裁判官　○○○○

上記は正本である。
前同日同庁
裁判所書記官　○○○○

書式番号 157

監督命令（再生手続開始決定前・大阪地裁）

平成12年（再）第○○号

決　　　　定

大阪府○○市○○丁目○○番○号
再生債務者　株式会社○○○
代表者代表取締役　○○○○

主　　　　文

1　○○○株式会社について監督委員による監督を命ずる。

2　監督委員として次の者を選任する。
事務所　大阪市○○区○○○—○—○
弁護士　○○○○

3　監督委員の同意を得なければ再生債務者がすることができない行為として、次に掲げる行為（常務にあたるものを除く。）を指定する。

(1)　再生債務者が所有する財産に係る権利の譲渡、担保権の設定、賃貸その他一切の処分
(2)　再生債務者の有する債権について譲渡、担保権の設定その他一切の処分（再生債務者による取立てを除く。）
(3)　無償の債務負担行為
(4)　財産の譲受け
(5)　借財（小切手の振出及び商業手形の裏書譲渡を除く。）及び保証
(6)　民事再生法49条１項の規定による契約の解除
(7)　訴えの提起及び民事保全、調停、支払督促その他これに準ずるものとして裁判所が指定するものの申立て並びにこれらの取下げ
(8)　和解及び仲裁契約
(9)　取戻権、共益債権及び一般優先債権の承認
(10)　別除権の目的の受戻し

4　監督委員に対し、民事再生法120条１項の許可に代わる承認をする権限を付与する。

5　監督委員は、４の承認を行ったときは遅滞なく、書面をもってその旨を当裁判所に報告しなければならない。

6　監督委員は、再生債務者が提出する再生計画案について民事再生法174条２項に掲げる事由の有無を調査し、当該再生計画案提出後１か月以内に、書面をもって当裁判所に報告しなければならない。

7　再生債務者は、次に掲げる行為をしたときは、その旨を速やかに監督委員に報告しなければならない。
⑴　従業委員の給与改定及び賞与等の一時金の支給
⑵　従業員の解雇並びに退職金及び解雇予告手当等の一時金の支給
⑶　再生債務者の会社組織変更に関する行為
⑷　常務行為のうち３に掲げる行為
⑸　その他裁判所が指定する行為

平成12年○月○日

大阪地方裁判所民事第　　部

裁判長裁判官　　○○○○
裁判官　　○○○○
裁判官　　○○○○

上記は正本である。
前同日同庁
裁判所書記官　　○○○○

書式番号 158　監督委員資格証明書

平成12年（再）第○○号　民事再生手続開始申立事件

監督委員資格証明書

東京都○区○○丁目○○番○号
再生債務者　株式会社○○○
代表者代表取締役　○○○○

標記の事件につき、下記の者が監督委員であることを証明する。

記

選任日：平成　　年　　月　　日
氏　名：○○○○
職　業：弁護士
事務所：東京都○区○○丁目○○番○号

平成12年○月○日

東京地方裁判所民事第20部

裁判長裁判官　　○○○○
裁判官　　○○○○
裁判官　　○○○○

上記は正本である。
前同日同庁
裁判所書記官　　○○○○

書式番号
159

監督命令の登記嘱託書

福岡法務局八幡出張所　　御中

平成12年（再）第○号

登　記　嘱　託　書

福岡地方裁判所小倉支部破産係
裁判所書記官　○○○○

下記のとおり登記の嘱託をする。

記

本　　　　店　　北九州市○○区○○○○
商　　　　号　　○○○○株式会社
登 記 の 事 由　　平成　　年　　月　　日
福岡地方裁判所小倉支部　監督命令
登記すべき事項　　監督命令
監督委員　○○○○
北九州市小倉○区○○○○
監督委員の同意を得なければすることができない行為（ただし再生計画認可の決定があった後は、この限りではない。）
(1)　再生債務者が所有する財産に係る権利の譲渡、担保権の設定、賃貸その他の一切の処分(商品の処分その他常務に属する財産の処分を除く。)
(2)　再生債務者の有する債権についての譲渡、担保権の設定その他の一切の処分（ただし、再生債務者による取立を除く。）
(3)　財産の譲受け（商品の仕入れその他常務に属する財産の譲受けを除く。）
(4)　貸付け
(5)　金銭の借入れ（手形割引を含む。）及び保証
(6)　債務免除、無償の債務負担行為及び権利の放棄
(7)　再生手続開始後における取戻権、共益債権及び一般優先債権の承認
(8)　別除権の目的の受戻し
登 録 免 許 税　　民事再生法14条
添　付　書　類　　監督命令謄本１通

書式番号 160　商業登記簿謄本（監督命令の登記）

履歴事項全部証明書（抄）

大阪市中央区心斎橋筋×丁目×番×号
株式会社○○○
会社法人等番号　1299-01-××××××

商　号	株式会社○○○	
本　店	大阪市中央区心斎橋筋×丁目×番×号	
公告をする方法	大阪市において発行される産経新聞及び東京都において発行される読売新聞に掲載する	
会社成立の年月日	大正○年○月○日	
目　的	1．百貨店業 2．物品卸売業、製造及び加工業並びに輸出入業 3．飲食営業並びに喫茶営業 4．食料品、清涼飲料水の製造、加工並びに販売業 5．米穀の販売業 6．種類、煙草その他専売品販売業 7．医薬品、医療器具機械、工業用薬品（毒物・劇物を含む）、医薬部外品、化粧品及び計量器の販売業 8．古物売買業 9．写真業、美容業、理容業、旅行業、両替業 10．リース業 11．遊戯場、結婚式場、診療所及び駐車場の経営並びに映画、演劇、その他各種興行 12．建設工事の設計、監理、施工及び請負業 13．土地の造成 14．不動産の売買、賃貸借及びその仲介並びに管理業 15．内外商取引の代理業並びに損害保険代理業 16．道路運送法による貨物自動車運送事業、自動車運送取扱業、自動車運送代弁業及び自動車運送利用業並びに倉庫業 17．前各号の附帯業務並びに関連ある事業に対する投融資	
額面株式１株の金額	金50円	
一単位の株式の数	1000株	
発行する株式の総数	３億株	
発行済株式の総数並びに種類及び数	発行済株式の総数 　１億株	
資本の額	金144億円	
役員に関する事項	（省略） 東京都港区虎ノ門○丁目○番○号 監督委員　　○　○　○　○ 上記の者による監督を命ずる 　監督委員の同意を得なければすることができない行為（ただし、再生計画認可決定があった後は、この限りでない。） (1)　再生債務者が所有する財産に係る権利の譲渡、担保権の設定、賃貸その他一切の処分（商品の処分その他常務に属する財産の処分を除く。） (2)　再生債務者の有する債権についての譲渡、担保権の設定その他一切の処分（再生債務者による取立を除く） (3)　財産の譲受け（商品の仕入れその他常務に属する財産の譲受けを除く。） (4)　貸付け (5)　金銭の借入れ（手形割引を含む。）及び保証 (6)　債務免除、無償の債務負担行為及び権利の放棄 (7)　別除権の目的の受戻し	平成12年○月○日東京地方裁判所の決定 平成12年○月○日登記
民事再生	平成12年○月○日午後３時東京地方裁判所の再生手続開始	平成12年○月○日登記

　これは登記簿に記録されている閉鎖されていない事項の全部であることを証明した書面である。

　平成12年○月×日
大阪法務局登記官　○○○○

書式番号
161
監督委員選任のお知らせ

平成12年○○月○○日

債　権　者　各　位

監督委員選任のお知らせ（注１）

○○○○　株式会社

代理人弁護士　乙　野　次　郎

拝啓　時下ますますご清栄のこととお慶び申し上げます。

当社は、平成12年○○月○○日、東京地方裁判所に対し、再生手続開始の申立をしました。この件についてはすでにご案内したとおりです。

この間、債権者の皆様におかれましては、当社の都合による申立であったにもかかわらず、従前と変わらぬご協力を頂きましたことを心から御礼申し上げます。

さて、本件について、東京地方裁判所は、本日、別紙のとおり監督命令を発し、監督委員として　　　　弁護士（　　　　弁護士会所属。事務所所在地　東京都中央区銀座○丁目○番○号）を選任しました。今後は、東京地方裁判所および監督委員の監督の下で、当社の再生手続を遂行することとなります。

今後も当社の再建に向け、役員、従業員が一丸となり、なお一層努力する所存ですので、債権者の皆様におかれましても、従前通り当社へご協力いただきますよう御願い申し上げます。また、監督委員から再生手続を進めることに関する意向調査などがありました折りには、何とぞ賛成とご回答いただきますよう伏してお願い申し上げます。

敬具

（注１）　法54条１項。東京地裁は、原則として監督委員を選任する運用を行っている。

第15章　監督委員関係
書式番号162　監督委員の照会状・回答書

書式番号 162　監督委員の照会状・回答書

平成12年〇〇月〇〇日

大口債権者・主要取引先　各位

〒〇〇〇-〇〇〇〇
東京都〇〇区〇〇〇　〇〇―〇〇
〇△〇△法律事務所
再生債務者　有限会社　〇〇〇〇
監督委員
弁護士　〇　〇　〇　〇
（電　話：〇〇―〇〇〇〇―〇〇〇〇）
（ＦＡＸ：〇〇―〇〇〇〇―〇〇〇〇）

照　会　状(注1)

拝啓

　当職は、去る〇〇月〇〇日に東京地方裁判所より、株式会社〇〇〇〇の申立てによる再生手続申立事件（同裁判所平成12年(再)第〇〇〇〇号）について監督委員に選任されました。

　つきましては、裁判所に対して再生手続を開始すべきか否かの意見を述べるうえで参考にさせて頂くために、大口債権者・主要取引先の皆様のご意見を伺いたいと存じます。再生計画は手続開始後に立案されることになりますが、とりあえず手続を開始することに賛成か否かのご意見をお聞かせください。別紙回答書にご記入のうえ、〇〇月〇〇日（〇）までにご回答賜りますようお願い申し上げます。

　ご多様中誠に恐縮ですが、ご協力ください。

敬　具

追伸　ご回答は、郵送でもFAXでも結構です。

回　答　書

平成12年○○月○○日

監督委員　○　○　○　○　殿
FAX　○○—○○○○—○○○○

（本店所在地）
（貴　社　名）
（代表者名）　㊞

1．当社の再生債権の概算額は次のとおりである。

金　　　　　　円

2．本件再生手続の開始に

賛 成　　反 対　　留 保　　（マルで囲んで下さい）

3．本件再生手続につきご意見がある場合は、ご記入下さい。

4．その他参考になる事項がありましたら、ご記入下さい。

（注1）　再生計画案の作成若しくは可決の見込み又は再生計画の認可の見込みがないことが明らかなことは、再生開始申立棄却事由である（法25条3項）。そして、東京地裁では、申立受理後直ちに監督委員が選任される運用がなされており、監督委員は、開始の可否につき意見を述べることになっている。
　本照会状は、大口債権者等の意向を確認し、上記意見を述べる際の参考にするものである。

書式番号 163　監督委員の意見書（開始の可否について）

平成12年（再）第　　号

意　見　書

東京地方裁判所民事第20部　御中

再生債務者○○○○株式会社

監督委員　弁護士　△△△△

記

本件については、主要債権者の意見聴取の結果等から棄却事由が認められないので、再生手続開始決定をするのが相当である（注1）。

以上

（注1）東京地裁においては、開始を相当とする場合、上記のように記載した書面を提出すれば足り、資料を添付する必要はないとされている。また、開始決定の可否の意見を述べる際に、公認会計士の報告書を得ている必要もないとされている。

書式番号
164
監督委員への報告書

平成〇〇年（再）第〇〇号
監督委員　　　　　　　　　　　殿

平成12年〇月〇日

監督委員への報告書

申　立　人　　〇〇〇〇株式会社
申立人代理人
弁　護　士　　　甲野　太郎

頭書事件について、民事再生規則第22条２項に基づき、報告いたします。

申立人において希望退職を募ったところ、下記の者について退職が決まりましたのでご報告いたします。なお、退職金の支払いは退職金給付規定に従って、２年以内に分割にて支払う予定です。

（退職者）
乙野　次郎　　（営業部所属）
丙野　三郎　　（営業部所属）

なお、営業部は現在適正規模にむけて人員を削減しておりますが、業務に支障をきたさないため、上記各退職者の代わりに、労働者派遣会社との間の労働者派遣契約を締結して、１名の派遣労働者の派遣を受ける予定です。

（注１）　裁判所が、再生債務者について、監督委員への報告を要する行為を指定した場合の監督委員への報告書の例である。民事再生規則22条１項、２項参照。

書式番号
165
監督委員の意見書

平成12年（再）○○号

平成12年○月×日

東京地方裁判所民事第20部御中

再生債務者　株式会社○○○○
監督委員弁護士　乙　野　次　郎

意　見　書

第１、始めに

当職は、上記事件につき平成12年○月○日に発令された御庁監督命令により監督委員に選任され、再生債務者の業務及び財産の管理状況並びに、同年○月○日付けで再生債務者より提出された再生計画案の内容につき調査したので、その調査結果につき、本意見書を提出する。なお、本調査にあたっては、丙野三郎公認会計士の補助を受けている。

第２、再生債務者の概要

再生債務者は、商号を株式会社○○○○、東京都品川区を本店とし、昭和54年○月○日に、資本金を2,500万円（発行済株式総数は500株）として設立された。現在の役員構成は代表取締役○○○○、取締役△△△△、取締役□□□□、監査役××××である。代表取締役が株式の80％を保有し、株式の譲渡制限規定がある所謂同属会社である。会社の主たる業務目的は、パソコンの製造、販売である。

なお、会社の事業状況並びに概略、組織、労務関係については申立書記載の通りである。

第３、申立に至った事情

再生債務者は、平成３年頃、直営の大型店舗による販売を目的としてパソコン製造工場を建設したが、大型新店舗の売上が予想より大幅に下回ったため、平成10年夏に、方針を変え、上記製造工場を卸売工場に設備替えした。そのため、２度の設備投資をした結果となり、投資費用が嵩んだ。

その後、近年の消費不況に伴い最大15店舗に及んだ直営店を３店舗まで閉鎖したが、その３店舗の売上も本店１店舗を除いて減少傾向にある。

加えて、再生債務者は、平成11年夏季に、ボーナス商戦を見込んで強気の仕入を行ったものの、競争店の出現により予想する売上を達成出来なかった。

以上の諸事情により、売上及び営業利益の水準に比して、相対的に借入金の負担が過大になり、有利子負債の返済が次第に再生債務者の最終損益及び資金繰りを圧迫する結果となった。

そこで、再生債務者は、昨年末より、売上が落ちている２店舗の販売を縮小し、リストラを含む経費削減などの経営合理化に努めたが、利益は伸びず、遂に本年○月○日の手形決済資金が不足する事態に立ち至った。

再生債務者は、○月○日に民事再生手続の申立を行い、その後、○月○日に保全処分及び監督命令が、○月○日には再生手続開始決定が発令された。

第４、業務及び財産の管理状況

１、業務状況

再生債務者は、申立直後の○月○日に債権者説明会を開催し、仕入先及び主たる得意先に取引の継続を求めたところ、その協力を得ることが出来た。現在、業務遂行に大きな混乱は生じていない。売掛金の入金も順調であり、取引先金融機関が手形割引に応じているため当面の資金繰りにも問題はない。

再生債務者の事業年度は、毎年３月21日から翌年３月20日であるが、丙野三郎公認会計士の調査によれば、本年○月から４ヵ月間の営業成績は下記の通りである。

記

①売上高
②売上原価
③売上総利益
④販売管理費
⑤営業利益
⑥経常利益

２、財産状況

又、平成12年○月○日現在の再生債務者の財産状況は下記の通りである。

記

資産の評価額は、再生債務者において、回収額を予想して算定されているが概ね妥当である。負債は、債権調査の結果を踏まえたものである。

第５、再生計画案の遂行の見込み

１、再生計画案の骨子は以下の通りである。

①、権利の変更について

別表債権額欄記載の金額の82％相当額、及び再生手続開始後の利息請求権等民事再生法84条２項に掲げる請求権金額につき、本再生計画認可確定日に免除を受ける。

②、弁済の方法について

再生債務者は、再生債権者に対し、別表債権額欄記載の金額の18％相当額（別表弁済債権額欄記載金額）を下記の通り分割して支払う。

即ち、別表弁済債権額欄記載金額を９分割し、平成14年３月末日を第１回弁済日とし、以後平成22年３月末日を第９回弁済日として、毎年３月末日までに、９分割した金額をそれぞれ支払う。

③、別除権付債権について

ア、担保物件などにより評価額を超えて弁済を受けた場合

別除権付債権の担保物の換価処分等による弁済額が、別表別除権付債権評価額欄記載の金額を超えた場合には、別除権評価額を超えて弁済された額の限度で既になされた債権放棄はその効力を失う。

イ、評価額に満たない弁済を受けた場合

別除権付き債権の担保物の換価処分等による弁済額が別表別除権付債権評価額の金額に満たなかった場合には、その弁済を受けられない額が確定した時点で、別除権付き債権評価額に満たなかった金額について債権放棄する。

④、優先債権及び共益債権については、随時弁済することが出来る。

２、経営の改善策

再生債権者に対する再生債務者の弁済資金は、今後の営業収益をあてることになる。再生債務者は営業面においては、利益率が高い○○の卸売販売に業務を集中し、支出面においては、本店を除く直販店２店舗を閉鎖し、役員報酬の減額、従業員のリストラ、仕入管理等により経費を削減する計画を立て、既に上記２店舗の閉鎖を終えた。

３、弁済計画の検証

弁済計画の妥当性について丙野三郎公認会計士の調査に基づき検討を行う。

再生債務者は、売上高、売上原価については本件申立後の２ヵ月間の実績をもとに、販管費については過去３年間の平均値と、２ヵ月間の売上実績、経費削減率をもとにそれぞれ予測している。

ところで、本件申立後の２ヵ月実績と、前年度の営業成績実績値と比較すると、小売販売による売上は落ちているが、卸売販売による売上については前年度実績値を上回っており、売上総利益及び経常利益は上昇している。販管費については、店舗の閉鎖、従業員のリストラによる大幅に減少した。

さらに、資金繰りについては、売掛金の入金に関し取引銀行が手形割引に応じることを約束している。又、入金サイト毎に資金繰りを予測したところ、平成12年○月末日時点での余剰資金が○○○○円と試算されている。

４、再生計画案の評価

再生債務者は、仕入先、得意先、金融機関との関係が比較的良好である。事業破綻の主たる原因が、小売業務の売上増を見込んだ過剰な設備投資と仕入を行ったことにあり、販売業務を中心として経費削減を行えば計画を達成する可能性はあるものと考えられる。

再建計画案も、売上増を見込むことなく堅めの予算を組んでいること、直販店の廃止

により既に成果が見られていることなどから、達成可能性を肯定出来る合理的な範囲内にあると判断される。

よって、本件は、再生計画案の不認可事由たる民事再生法174条第２項第２号書所定の「再生計画が遂行される見込みないとき」に該当しないことは明らかであると思料する。

第６、その他の不認可事由の存否

本件再生計画案は、過去及び現在の売上実績値をもとに、経費削減を見越して将来予測される売上利益を配当原資にしているため、履行可能性は十分肯定出来るものの、弁済原始に十分な余裕があるとまではいえない。即ち、本件再生計画案を上回る弁済条件を設定することは相当でない。

他方、再生債務者の保有資産の実質評価額は前述する通りであり、売掛金以外に特にめぼしい資産は見られない。更に、再生債務者を破産により清算した場合は、一般債権に優先する管財経費や従業員の労働債権などが発生するため、一般債権者への配当率は10％を下回るものと予想される。従って、本件再生計画案による弁済が破産による清算の場合と比べ債権者に不利であるとはいえない。

よって、再生債権者の一般の利益に反する事由はないものと思料する。

その他、本件再生計画案に関し、民事再生法第174条第２項所定の不認可事由は見当たらない。

第７、結論

本件については、民事再生法第174条第２項第２号所定の「再生計画が遂行される見込みが見当たらないとき」には該当せず、その他、同項各号所定の不認可事由は見当たらない。よって、本件再生計画案が可決されたときは、これを認可するのが相当と思料する。

以上

（注１）　再生債務者の報告書を引用して簡略化することが考えられる。

書式番号
166
否認権を行使する権限の付与申立書

平成12年（再）第○○号

否認権行使権限付与申立書（注1）（注2）

平成12年○月○○日
再生債務者　○○○○株式会社
監督委員　○　○　○　○　㊞

東京地方裁判所民事第20部　○係　御中

申立ての趣旨

再生債務者○○○○株式会社がした別紙記載の行為を否認する権限を監督委員○○○○に付与する。
との決定を求める。

申立ての理由（注3）

1　○○○○株式会社（以下、再生債務者という）は、平成12年○月○日に御庁に対して再生手続開始の申立をなし、平成12年○月○日午前○時、御庁において再生手続開始決定を受けた。当職は、平成12年○月○日に監督委員に選任された。
2　当職の調査によれば、再生債務者は、右申立の直前である平成12年○月○日から同年○月○日までの間に、別紙(省略)記載のとおり債権者株式会社△△△△に対して合計金5500万円を弁済している（以下、本件弁済という。）。そして、再生債務者は本件弁済当時、既に再生手続開始の申立を準備していたものであり、また、本件弁済にあたり上記債権者は再生債務者が再生手続開始の申立を準備していることを聞き知っていたものである。
3　以上によれば、再生債務者の本件弁済行為は民事再生法127条１項４号（注4）に該当する行為であり、否認すべきものと思料する。
よって、当職に本件弁済行為を否認する権限を付与されたく本申立に及ぶ。

添　付　書　類

1　通帳（写）　１通
2　帳簿（写）　１通

（注1）　東京地裁では、再生債務者（申立代理人）と監督委員、裁判所の三者の協議によって否認権限を付与するかどうかを決めるため、再生債務者が否認する行為の内容についてのメモを作成して裁判所に提出すれば足り、監督委員から本書面のような申立てをする必要はない。
（注2）　法56条１項
（注3）　詳細な情報や事情を記載すると否認の相手方に閲覧されるおそれがあるので、裁判所との面接において伝えるなどの配慮も必要である。
（注4）　否認事由については法127条以下参照。

書式番号
167
否認権行使許可申請書

平成12年（再）第○○号

許可申立書

平成12年○月○○日

再生債務者　○○○○株式会社
監督委員　○　○　○　○　㊞

東京地方裁判所民事第20部　○係　御中

申立ての趣旨

別紙（省略）のとおり、株式会社△△△△に対して金5500万円の返還を求める否認訴訟を○○地方裁判所に提起すること
の許可を求める。

申立ての理由（注2）

1　○○○○株式会社（以下、再生債務者という）は、平成12年○月○日に御庁に対して再生手続開始の申立をなし、平成12年○月○日午前○時、御庁において再生手続開始決定を受けた。当職は、平成12年○月○日に監督委員に選任された。
2　当職の調査によれば、再生債務者は、右申立の直前である平成12年○月○日から同年○月○日までの間に、別紙(省略)記載のとおり債権者株式会社△△△△に対して合計金5500万円を弁済している（以下、本件弁済という。）。そして、再生債務者は本件弁済当時、既に再生手続開始の申立を準備していたものであり、また、本件弁済にあたり上記債権者は再生債務者が再生手続開始の申立を準備していることを聞き知っていたものである。
3　上記再生債務者の行為は民事再生法127条１項４号に該当するため、当職は、御庁より平成12年○月○日に否認権行使のための権限付与を受け、株式会社△△△△に対して、本件弁済を否認する旨伝え、弁済金額である金5500万円を返還することを求めて交渉を続けてきたが、株式会社△△△△は返還に応じない。
4　よって、別紙（省略）のとおり否認訴訟を提起すべく本申立に及ぶ。

附属書類

1　通帳（写）　１通
2　帳簿（写）　１通

（注１）　東京地裁では、否認のための権限行使の方法等については口頭で協議がされているので、本書面のような申立てをする必要はない。
　本件許可申請は、例外的な場合（否認権行使の権限付与［法56条１項］にあたり、監督委員が訴えの提起、和解その他裁判所の指定する行為をするのに裁判所の許可を得なければならないものとされた場合）に必要となるものである（法56条４項）。
（注２）　詳細な情報や事情を記載すると否認の相手方に閲覧されるおそれがあるので、裁判所との面接において伝えるなどの配慮も必要である。

書式番号 168 否認請求の申立書

平成12年○月○日

否認請求の申立書

東京地方裁判所民事第20部　　　御中

申立人　再生債務者　○○○○株式会社　監督委員○○○○㊞
当事者　別紙当事者目録記載のとおり

申立ての趣旨

1　再生債務者○○○○株式会社（以下、再生債務者という。）と相手方との間で別紙物件目録（添付省略）記載の土地について平成○年○月○日締結された被担保債権額金○○万円とする抵当権設定契約を否認する。
2　相手方は再生債務者に対し、別紙物件目録記載の土地に係る○○地方法務局○○出張所平成○年○月○日受付第○○○○○号抵当権設定登記について否認の登記手続をせよ。
3　申立費用は相手方の負担とする
との決定を求める。

申立ての理由

1　再生手続開始決定の事実
2　監督委員選任、否認に関する権限の付与（民事再生法56条１項）及び否認請求申立に関する裁判所の許可（民事再生法56条３項）
3　否認されるべき法律行為事実
4　民事再生法127条以下の条項に該当する事実
5　よって書き（申立ての趣旨の決定を求める）。

証　拠　方　法（省略）

添　付　書　類（添付省略）

1　申立書副本　１通
2　疎甲号証（写し）　各１通

（注１）　再生手続開始決定があった場合には、裁判所は、利害関係人の申立によりまたは職権で、監督委員に対して特定の行為について否認権を行使する権限を付与することができる（法56条１項）
（注２）　申立ては再生裁判所に対して行なうので、再生事件の記録中に存する資料は添付資料として添付する必要はない。

書式番号
169
否認の訴えの訴状

収　入
印　紙

訴　　　　状

平成13年○月○○日

○○地方裁判所民事部　御中

原告　　再生債務者株式会社○○○○　監督委員○○○○　印

〒○○○-○○○○　東京都△△区□□○丁目○○番○号（送達場所）
原　　　告　　再生債務者株式会社○○○○
監督委員　　○　○　○　○
電　話　03―○○○○―○○○○
FAX　03―○○○○―○○○○

〒○○○-○○○○　東京都△△区□□○丁目○番○―○○○号
被　　　告　△　△　△　△

否認登記請求事件
　訴訟物の価額　　○○○万円
　貼用印紙額　　　○万○○○○円

第1　請求の趣旨
　1　被告は、再生債務者株式会社○○○○に対し、別紙物件目録記載の土地について○○地方法務局○○出張所平成○年○月○日受付第○○○○号抵当権設定登記について否認の登記手続をせよ。
　2　訴訟費用は被告の負担とする。

第2　請求の原因
　1　再生手続開始の事実（省略）
　2　監督委員選任、否認に関する権限の付与および否認の訴え提起に関する裁判所の許可（法56条）（省略）

3　否認されるべき法律行為事実および否認権行使（省略）
4　民事再生法127条以下の条項に該当する事実および否認権行使
5　よって書き

証　拠　方　法

1　甲１号証　再生手続開始決定正本
（以下省略）

附　属　書　類

1	訴状副本	１通
2	甲号証（写し）	各１通
3	不動産登記簿謄本	１通
4	評価証明書	１通
5	商業登記簿謄本	１通
6	監督委員選任証明書	１通
7	否認権限付与証明書	１通
8	否認の訴え提起許可書	１通

以上

（注１）　法135条。

書式番号
170
異議訴訟の訴状

訴状（否認請求の認容決定に対する異議訴訟）

平成○○年○月○日

東京地方裁判所民事　　　部（注2）　御中

原告代理人弁護士　　丁　野　四　郎　㊞

〒○○○-○○○○　東京都千代田区霞が関×丁目×番×号
原　　　告　　　　××××株式会社
代表者代表取締役　　丙　野　三　郎

送達場所
〒○○○-○○○○　東京都千代田区霞が関△丁目△番△号
代理人弁護士　　　　丁　野　四　郎
（電話番号　03―○○○○―○○○○）
（FAX番号　03―○○○○―○○○△）

〒○○○-○○○○　東京都千代田区霞が関○丁目○番○号
被　告　再生債務者○○○○株式会社監督委員○○○○

訴訟物の価格　○○万円
貼用印紙額　　○○円

請求の趣旨

1　原告と被告との間の御庁平成12年（　）第○○号否認請求申立事件につき、平成○○年○月○日になされた決定は、これを取り消す。
2　申立費用及び訴訟費用は、いずれも被告の負担とする。
との裁判を求める。

請求の原因

1　○○○○株式会社（以下、再生債務者という）は、平成12年○月○日に御庁に対して再生手続開始の申立をなし、平成12年○月○日午前○時、御庁において再生手続開始決定（平成○○年（再）第○○号）を受けた。○○○○は平成12年○月○日に監督委員として選任され、平成12年○月○日、原告に対して否認請求の申立をなした（御庁平成12年（　）第○○号)。

2　御庁は、平成12年○月○日、監督委員○○○○による否認の請求を認容する決定をした。

3　しかしながら、否認請求の対象となった再生債務者による弁済行為を受けるにあたり、原告は他の再生債権者との平等を害することを知っていた訳ではなく（甲１号証、２号証)、否認の請求を認容する決定は不当である。

4　よって、原告は、上記否認請求を認容する決定の取り消しを求めて、民事再生法137条１項に基づき、本訴に及ぶ。

証　拠　方　法

1　甲第１号証　Fax文書

2　甲第２号証　陳述書

添　付　書　類

1　甲号証　　　　各１通

2　訴訟委任状　　　１通

3　資格証明書　　　２通

（注１）　法137条１項。

（注２）　否認請求の認容決定に対する異議訴訟は、再生裁判所（例えば、東京の場合、東京地方裁判所）が管轄する（法137条２項)。

書式番号 171　保全管理命令

平成12年（再）第○号民事再生手続開始申立事件

決　　　定

東京都千代田区霞ヶ関○丁目○番○号
再生債務者　株式会社○○○○
代表者代表取締役　甲　野　太　郎

主　　　文

1　株式会社○○○○について保全管理人による管理を命ずる。

2　保全管理人として、次の者を選任する。
東京都千代田区有楽町○丁目○番○号　　○○法律事務所
弁護士　　丁山　四郎

3　保全管理人が次に掲げる行為をするには、当裁判所の許可を得なければならない(注2)。
(1)　再生債務者が所有する財産に係る権利の譲渡、担保権の設定、賃貸その他一切の処分（商品の処分その他常務に属する財産の処分を除く）
(2)　再生債務者の有する債権について譲渡、担保権の設定その他一切の処分（再生債務者による取立てを除く）
(3)　財産の譲受け（商品の仕入れその他常務に属する財産の譲受けを除く）
(4)　貸付け
(5)　金銭の借入れ（手形割引を含む。）及び保証
(6)　会社財産の無償譲渡（常務に属するものを除く）、債務免除、無償の債務負担行為及び権利の放棄
(7)　別除権の目的の受戻し

4　保全管理人は、毎月末日ごとに、再生債務者の業務及び財産の管理状況についての報告書をその翌月10日までに当裁判所に対して提出しなければならない(注3)。

平成12年○月○○日

東京地方裁判所民事8部

裁判長裁判官　　○○○○

裁判官　　○○○○

裁判官　　○○○○

上記は正本である。

前同日同庁

裁判所書記官　　○○○○　㊞

（注1）　法79条ないし83条。規則27条。

（注2）　再生債務者の業務の遂行並びに財産の管理及び処分については、保全管理人に専属する。しかし、常務に属さない行為は裁判所の許可を得なければならず、許可を得ないでなした行為は無効となる（法81条）。裁判所は、必要があるときは裁判所の許可を得なければならないとする行為を指定できる（法81条3項、法41条）。

（注3）　裁判所は保全管理人を監督し（法83条1項、法57条）、その監督の一環として報告書の提出を求めることができる。なお、その報告書の提出を促すことを裁判所は裁判所書記官に命じて行わせることができる（規則27条、規則23条）。

書式番号
172
保全管理人の挨拶状

平成12年○月○日

関係各位

再生債務者　○○○○株式会社

保全管理人　弁護士　○○○○

前略

当職は、この度、東京都千代田区霞ヶ関○丁目○番○号、○○○○株式会社の再生手続（東京地方裁判所平成12年（再）第○号事件）について平成12年○月○日東京地方裁判所から発せられた保全管理命令に伴い、同裁判所より保全管理人に選任されました（注1）。当職は、直ちに就任し、再生債務会社の財産、業務の管理と、倒産原因や再生策等の調査の業務に着手しております。

つきましては、本書面をもって、ご挨拶申し上げるとともに、債権者の各位におかれましては、民事再生法に従って遂行されます再生債務者の再生に対しまして、ご理解とご協力とを賜りますよう、どうぞ宜しくお願い申しあげる次第です。

なお、手続の遂行状況は、随時ご報告申し上げますが、各位からもご質問、ご照会いただきますようお願い申しあげます。

当事務所内での連絡窓口は、○○（電話　　）、再生債務会社での連絡窓口は、管理部○○（電話　　）です。

以上、取り急ぎご挨拶申し上げます。

草々

（注１）　裁判所は、再生債務者（法人に限る）の財産管理または処分が失当であるときその他再生債権者の事業の継続のために特に必要があると認めるときは、利害関係人の申立によりまたは職権で、再生手続開始の申立について決定があるまでの間、再生債務者の業務及び財産に関し、保全管理人による管理を命ずる処分をすることができる（法79条１項）。

書式番号 173　管理命令

平成12年（モ）第○○号　（基本事件　平成12年（再）第○号）

決　　　定

大阪府○○市○丁目○○番○号
申立人（再生債務者）　株式会社○○○
代表者代表取締役　　○○○○

主　　　文

1　再生債務者○○○株式会社につき、管財人による管理を命ずる。

2　1の管財人として、次の者を選任する。
事務所　大阪市○○区○○丁目○○番○○号
弁護士　○○○○

3　管財人が次に掲げる行為（常務に当たるものを除く。）をするには、当裁判所の許可を得なければならない。

(1)　再生債務者が所有する財産に係る権利の譲渡、担保権の設定、賃貸その他一切の処分（債権の取立を除く。）
(2)　無償の債務負担行為
(3)　財産の譲受け
(4)　借財、手形割引及び保証
(5)　民事再生法49条1項の規定による契約の解除
(6)　訴えの提起及び民事保全、調停、支払督促その他これに準ずるものとして裁判所が指定するものの申立て並びにこれらの取下げ

⑺　和解及び仲裁契約

⑻　取戻権、共益債権及び一般優先債権の承認

⑼　別除権の目的の受戻し

4　管財人は、平成　　年　　月　　日までに、民事再生法124条2項の財産目録及び貸借対照表並びに同法125条1項の報告書を、当裁判所に提出しなければならない。

5　管財人は、毎月15日までに、再生債務者の当該月の前月の業務及び財産の管理状況を、書面をもって、当裁判所に報告しなければならない。

平成12年○月○日

大阪地方裁判所民事第　　部

裁判長裁判官　　○○○○

裁判官　　○○○○

裁判官　　○○○○

これは正本である。

前同日同庁

裁判所書記官　　○○○○

書式番号
174
管理命令発令通知書

管理命令発令通知書

大阪府○○市○丁目○○番○号
株式会社○○○

上記会社に対する平成12年（再）第○号再生手続開始申立事件について、当裁判所は平成　年　月　日民事再生法による管財人による管理命令を発したので通知します。

1　管財人の氏名　弁護士　○○○○
2　管財人の住所　大阪府○○市○丁目○○番○号
（電話 XXXX-XXXX　FAX XXXX-XXXX）

なお、再生債務者の財産の所有者及び再生債務者に対して債務を負担する方は、再生債務者にその財産を交付し、または弁済をすることができません。再生債務者の財産を引き渡すとき、もしくは、再生債務者に対して債務を弁済するときは、上記管財人に対してのみすることができます。

平成12年○月○日

大阪地方裁判所民事第　部

裁判所書記官　○○○○

（注1）別添再生手続開始通知書には監督委員として弁護士○○○○と記載していますが、上記のとおり管財人に選任されています。また本件に関する認否等に関する問い合わせ先として申立代理人弁護士○○○○となっていますが、管理命令が発せられたことにより管財人宛に行ってください。

書式番号
175
管財人の挨拶状

管財人就任のご挨拶

平成12年○月○日

債権者各位

再生債務者　○○○○株式会社
管　財　人　○○○○

前略

当職は、この度、東京都千代田区霞ヶ関○丁目○番○号、○○○○株式会社の再生手続（東京地方裁判所平成12年（再）第○号事件）について東京地方裁判所から発せられた管理命令に伴い、同裁判所より管財人に選任されました（注1）。当職は、直ちに就任し、再生債務者の財産、業務の管理と、倒産原因や再生策等の調査の業務に着手しております。幸い、債権者の各位のご理解の下、再生債務者はこれまでどおり営業を継続しており、従業員も一丸となって再建のため奮闘しておるところでございます。

つきましては、本書面をもって、ご挨拶申し上げるとともに、債権者の各位におかれましては、民事再生法に従って遂行されます再生債務者の再生に対しまして、ご理解とご協力を賜りますよう、どうぞ宜しくお願い申しあげる次第です。

なお、手続の遂行状況は、随時ご報告申し上げますが、各位からもご質問、ご照会頂きますようお願い申しあげます。

当事務所内での連絡窓口は、○○（電話　　）、再生債務会社での連絡窓口は、管理部○○（電話　　）です。

以上、取り急ぎご挨拶申し上げます。

草々

（注1）　裁判所は、再生債務者（法人に限る）の財産管理または処分が失当であるときその他再生債権者の事業の再生のために特に必要があると認めるときは、利害関係人の申立によりまたは職権で、再生手続開始の決定と同時にまたはその決定後、再生債務者の業務及び財産に関し、管財人による管理を命ずる処分をすることができる（法64条1項）。

書式番号
176
管理命令申立書（債権者申立）

平成12年（再）第○号民事再生手続開始申立事件

管理命令申立書

当事者　　別紙当事者目録記載のとおり

申立ての趣旨

掲記事件につき、再生債務者の業務及び財産に関し、管財人による管理を命ずるとの決定を求める。

申立ての理由

1　申立人は、再生債務者に対し、平成10年○月○日付け金銭消費貸借契約に基づき金１億5000万円を貸し付け、現在その貸付債権残高は、元本債権金１億3500万円、利息金350万円、損害金35万4561円となっている。よって、再生債務者における本民事再生手続に利害関係を有している。

2　本再生手続申立後である平成12年○月△日、再生債務者は、再生手続申立直前に閉鎖を行った厚木工場及び所沢工場（以下、本件工場という。）を設置されている工作機械とともに、再生債務者の大株主であり代表取締役である甲野太郎が大株主となっている△△△△株式会社へ合計金１億円にて売却している。

しかしながら、本件工場及び工作機械の簿価は金15億円であり、別紙査定書のとおり市場価格においても合計金８億円はくだらない。よって、再生債務者が△△△△株式会社へ売却した際の売却代金金１億円は著しく廉価であり、再生債務者の財産を不当に減少させる行為である。

3　さらに、再生債務者が再建するにおいては、再生債務者が特許を有している半導体製造装置の生産販売を中心とすることが必要であることは明らかであるものの、本件工場はその装置の重要部品を製造する工作機械が設置されており、前記半導体製造装置の生産再開が困難な状況となってしまっている。

△△△△株式会社への本件工場売却は、半導体製造装置部品を製造することができる設備を△△△△株式会社へ廉価にて移すことにより、再生債務者ひいては再生債権者の犠牲のもとで、今後は半導体製造装置部品の製造を△△△△株式会社にて行い利益を得ようとする甲野太郎の計画によるものであり、再生債権者としては断じてこれを許すことはできない。再生債務者の今後の再建手続においても、甲野太郎により再生債務者の犠牲のもとで△△△△株式会社に利益を生じさせようとする行動が行われる危険性が極めて高い。

4　以上から、再生債務者の財産管理処分及び業務遂行は著しく失当であり、再生債務者の事業の再生のためには管財人による管理が必要であるから、本申立に及んだ。

添　付　書　類

1　陳述書
2　査定書
3　△△△△株式会社についての報告書
4　金銭消費貸借契約書
5　商業登記簿謄本
6　委任状

申立人　再生債権者　××××株式会社
上記申立人代理人
弁　護　士　○　△　○　△　㊞

東京地方裁判所民事20部　御中

（注１）　法64条ないし法78条。規則27条。
（注２）　急迫の事情があるときを除き、再生債務者の審尋が行われる（法64条３項）。
（注３）　管理命令及びその変更・取消の決定に対しては即時抗告できる（法64条５項）。ただし、即時抗告は執行停止の効力を持たない（法64条６項）。
（注４）　管理命令が出された場合には公告がなされ、当事者に決定書の送達がなされる（法65条）。

書式番号 177　調査委員の挨拶状

平成12年○月○日

債権者各位

再生債務者　○○○○株式会社

調 査 委 員　弁護士　△△△△

前略

当職は、この度、東京都千代田区霞ヶ関○丁目○番○号、○○○○株式会社の民事再生手続（東京地方裁判所平成12年（再）第○号事件）について東京地方裁判所から発せられた調査命令に伴い、同裁判所より調査委員に選任されました。

調査委員は、再生債務者○○○○株式会社について、裁判所より指定された調査事項についてその結果を報告する職務を担当しております。

そこで、ご多忙中恐縮ですが、右職務の遂行のため、別紙回答書（注2）に記載の照会事項について　月　日までにご回答いただきますようお願いいたします。

以上、要件のみにて失礼いたします。

草　々

（注1）　裁判所は、再生手続開始の申立があった場合において、必要があると認めるときは、利害関係人の申立によりまたは職権で調査委員による調査を命ずる処分をすることができる（法62条1項）。

（注2）　書式162参照のこと。

書式番号
178　再生計画認可決定

平成12年（再）第○○号　民事再生手続開始申立事件

決　　　　　定

東京都○区○○丁目○○番○号
再生債務者　株式会社○○○
代表者代表取締役　　○○○○

主　　　　　文

本件再生計画を認可する。

理　　　　　由

本件再生計画案は平成○○年○月○日開催の債権者集会において、法定の要件を満たす賛成により可決された。
本件再生計画には、民事再生法174条２項各号に該当する事由はない。

平成12年○月○日

東京地方裁判所民事第20部

裁判長裁判官　　○○○○
裁判官　　○○○○
裁判官　　○○○○

上記は正本である。
前同日同庁
裁判所書記官　　○○○○

書式番号
179
確定証明申請

平成12年（再）第○○○号

再生計画認可決定の確定証明申請書

再生債務者　○○○○株式会社
代表者代表取締役　甲野　太郎
再生債務者代理人弁護士　乙野　次郎

頭書事件につき、平成12年○月○日付再生計画認可決定は、平成12年○月○日確定したことを証明されたく申請いたします。

東京地方裁判所民事第20部　御中

上記証明する
平成12年○月○日
東京地方裁判所民事第20部

裁判所書記官　○　○　○　○

（注１）再生計画は認可決定が確定したときに効力が生じる（177条１項）。
（注２）再生計画の効力→177条２項、178条以下。

書式番号
180
再生計画認可に伴う挨拶状

平成12年○月○日

債権者　各位

○○○○株式会社
代表取締役　甲　野　太　郎
代理人
弁　護　士　乙　野　次　郎

再生計画認可の御礼

拝啓　貴社益々御清祥のこととお慶び申し上げます。

平素は格別のご厚情を賜り厚く御礼申し上げます。

さて、弊社は平成12年○月○日東京地方裁判所に対して再生手続開始の申立をして以来今日まで、債権者の皆様の御支援・御助力を頂きながら事業の再建に取り組んで参りましたが、さる平成12年○月○日、東京地方裁判所におきまして再生計画認可決定を受けることができました。認可決定を得るに至るまでの道程は非常に厳しいものでしたが、漸く認可決定を得ることができましたのもひとえに債権者の皆様の御協力を頂いたお陰と存じます。ここに、心より御礼申し上げるとともに、これまで債権者の皆様にご迷惑をお掛け致しましたことを深くお詫び申し上げる次第です。

今後は再建計画を確実に遂行することはもとより、少しでも業績を好転させて皆様にお掛けしたご迷惑に報いることができるように、全役員・社員一丸となって努力して参る所存で御座いますので、今後とも御指導・御鞭撻の程何卒宜しくお願い致します。

敬具

（注１）　再生計画認可、不認可の決定については、期日による言渡しの方法をとらず、決定を送達するとの方法がとられている。

（注２）　直接の利害関係者（法115条１項に規定する者）に対しては「主文及び理由の要旨」を送達するとともに（法175条４項）労働組合などに対しても、決定があった旨の通知をする必要（法175条５項）がある。

書式番号
181　再生計画変更申立書

平成12年（再）第○○号

再生計画変更申立書

〒○○○-○○○○　東京都千代田区霞ヶ関○丁目○番○号
再生債務者　○○○○株式会社
代表者代表取締役　甲野　太郎

〒○○○-○○○○　東京都千代田区丸の内○丁目○番○号
代理人弁護士　乙野　二郎

第１　申立の趣旨

本件について認可確定した再生計画を別紙変更計画案（省略）のとおり変更することを申し立てる。

第２　申立の理由

再生計画認可前の再生債務者の売上高および営業利益は下記のとおりであった。

	売上高	営業利益
平成10年３月期	○○○円	○○○円
平成11年３月期	○○○円	○○○円
平成12年３月期	○○○円	○○○円

そこで、再生計画案作成の前提として、平成13年３月期以降の売上高および営業利益を、上記３年間で最低である平成11年３月期の80％と見込んだ。

ところが、再生計画認可後に、再生債務者の主力商品である○○と競合する商品をライバル社△△が市場に売り出した。その結果、平成13年度３月期の再生債務者の売上高および営業利益は、予想を大幅に下回り、下記のとおりとなった。

平成13年３月期　　　○○○円　　○○○円

その結果、再生債務者の今後１年間の資金繰りは別紙のとおりとなる見込みである。

したがって、再生計画に基づく第２回目以降の弁済を行うことは困難といわざるを得ない。しかしながら、一定の営業利益は確保できていることから、弁済期間を４年間繰り延べれば、別紙弁済計画表のとおり当初弁済率の弁済が可能である。

そこで、別紙変更計画案のとおり再生計画を変更すべく、本申立に及ぶ。

平成12年○月○日

再生債務者代理人弁護士　　乙野　二郎

東京地方裁判所民事第20部御中

（注１）　法187条に基づく変更申立である。
（注２）　申立の方式→規則94条。
（注３）　再生債権者に不利な変更の場合、再生計画案提出の場合の手続規定が準用される。ただし、不利な影響を受けない再生債権者については手続に参加させる必要はなく、従前の再生計画に賛成した者が債権者集会に欠席した場合は、変更計画案に同意したものとみなされる（法187条２項）。

書式番号
182
再生計画取消申立書

平成12年（再）第○○号

再生計画取消申立書

東京都○○区○丁目○番○号
申立人（再生債権者）　株式会社××××
代表者代表取締役　○ ○ ○ ○
東京都○○区○丁目○番○号
申立人代理人弁護士　△ △ △ △
東京都千代田区霞ヶ関○丁目○番○号
再 生 債 務 者　○○○○株式会社
代表者代表取締役　甲 野 太 郎
東京都千代田区霞ヶ関△丁目△番△号
再生債務者代理人弁護士　乙 野 次 郎

申 立 の 趣 旨

再生債務者に対する御庁頭書事件について、平成12年○月○日認可された再生計画を取り消すとの決定を求める

申 立 の 理 由

1．申立人は、再生計画で認められた再生債権残額総額10分の１以上の再生債権残額を有する再生債権者である。

2．再生債務者は、平成12年○月○日認可された再生計画に従い、平成12年○月○日限り、各再生債権者に対し、第１回支払分として、再生債権額の10％に相当する金額を支払った。その後、平成13年○月○日限り、各再生債権者に対し、第２回支払分として、再生債権額の10％に相当する金額を支払う予定であったが、現在に至るまで、全ての再生債権者に対し、右金員の支払をなさず、本再生計画の履行を怠った。

3．よって、民事再生法189条１項２号に基づき、再生計画取消の決定を行うべく、本申立に及んだ。

付　属　書　類

1．報告書

平成13年○月○日

申立人代理人弁護士　　△　△　△　△

東京地方裁判所民事第20部　御　中

（注１）　法189条に基づく再生計画取消しの申立である。
（注２）　本書式は、189条１項２号の再生計画の不履行を理由とする申立である。
（注３）　申立の方式規則95条。

書式番号 183　再生手続廃止申立書（再生計画認可後）

平成12年（再）第○○○号

再生手続廃止の申立書

平成12年○月○日

東京地方裁判所民事第20部　御中

再生債務者　　○○○○株式会社
監督委員　　○○○○

第１　申立の趣旨

本件再生手続を廃止する
との決定を求める。

第２　申立の理由

再生債務者は、平成○年○月○日、その事務所及び工場を閉鎖し、営業を停止したので、本件再生計画が遂行される見込みがないことが明らかとなった。よって、民事再生法第194条に基づき、再生手続廃止の決定をされるよう申し立てる。

添付資料
１　報告書

（注１）　監督委員が裁判所に再生手続廃止決定を求める申立てである。再生債務者も申し立てることができる。裁判所の職権で廃止決定をすることも可能である（194条）。
（注２）　再生手続廃止の効力は遡及しない。
再生計画認可決定確定前→195条７項・185条。
再生計画認可決定確定後→195条６項。
（注３）　廃止決定が確定したときは、裁判所は、職権で破産宣告をすることができる（16条１項）。
（注４）　再生債務者等の関係人には、廃止決定をするに意見を述べる機会が与えられている（規則98条）。

書式番号
184
債権者による廃止の上申書

平成12年（再）第○号民事再生手続開始申立事件
（再生債務者　○○○○株式会社）

平成12年○月○日（注1）

東京地方裁判所民事第20部　御中

〒×××-××××
東京都□□区○○町□番地□ビル
債権者　株式会社□□□□
代表者代表取締役　□□□□
〒×××-××××
東京都○○区○○町○○番
上記債権者代理人　弁護士　□□□□
電　　話　××—××××—××××
ファックス　××—××××—××××

再生手続廃止を求める上申書（注2）

再生債務者○○○○株式会社に関する頭書事件については、平成○年○月○日に再生計画認可の決定がなされ、同決定は平成○年○月○日に確定しているが、その後、再生債務者○○○○株式会社からは、再生計画に従った再生債権等の弁済がなされておらず、かつ、平成○年○月頃から発生した労働争議により再生債務者○○○○株式会社の営業は事実上停止しているため、再生計画遂行の見込みのないことが明らかである。よって、民事再生法194条により、頭書事件について、再生手続を廃止されたく上申する（注3）（注4）。

添　付　資　料

1　「支払い延期のお願い」と題する書面　1通
2　「○．○．○．スト決行」と題する書面　1通
3　写真撮影報告書　1通
4　報告書　1通
5　委任状　1通

以上

（注1）　認可決定確定後に申し立てる（法194条）。
（注2）　債権者には廃止申立権がないので、裁判所の職権発動を促す上申をする。
（注3）　廃止決定に際しては再生債務者等の意見聴取の機会がある（規則98条）。
（注4）　廃止決定が確定した場合に破産に移行することがある（法16条）。

書式番号 185　再生手続廃止決定

平成12年（再）第○○号

決　　　　定

東京都千代田区霞ヶ関○丁目○番○号
再生債務者　株式会社○○○○
代表者代表取締役　甲野　太郎

主　　　　文

再生手続を廃止する。

理　　　　由

本再生手続については、決議に付するに足りる再生計画案の作成の見込みがないことが明らかとなった。

よって、民事再生法191条１号により主文のとおり決定する。

平成12年○月○日

東京地方裁判所民事第20部
裁判長裁判官
裁判官
裁判官

上記は正本である。
前同日同庁
裁判所書記官

（注１）　法191条１号に基づく再生手続の廃止である。

（注２）　法191条各号のいずれかに該当する場合は、裁判所は、職権で再生手続廃止の決定をしなければならない。

書式番号 186 再生手続終結申立書

平成12年（再）第○○○号

再生手続終結申立書

再生債務者　○○○○株式会社
代理人弁護士　乙野次郎

申立ての趣旨

本件再生手続を終結する
との決定を求める。

申立ての理由

上記再生債務者は、平成12年○月○日に開始決定を受け、同年○月○日東京地方裁判所で開かれた債権者集会において、再生計画案が可決認可され、法定の期間たる同月○○日までに即時抗告がなされなかったため、該決定は確定した。そこで、再生債務者は、別紙の如く各債権者に対して、別紙債務支払報告書記載のとおり再生計画案に定める全ての弁済を終了した。

よって、再生手続の終結決定を得たく本申立てを行う。

付　属　書　類

1．債務支払報告書

平成12年○月○日

代理人弁護士　　乙　野　次　郎

東京地方裁判所　民事20部御中

（注1）　法188条に基づく申立てである。
（注2）　本例は、再生計画が遂行されたときの例である。

書式番号
187

再生手続のフローチャート（全体図）［後見型］

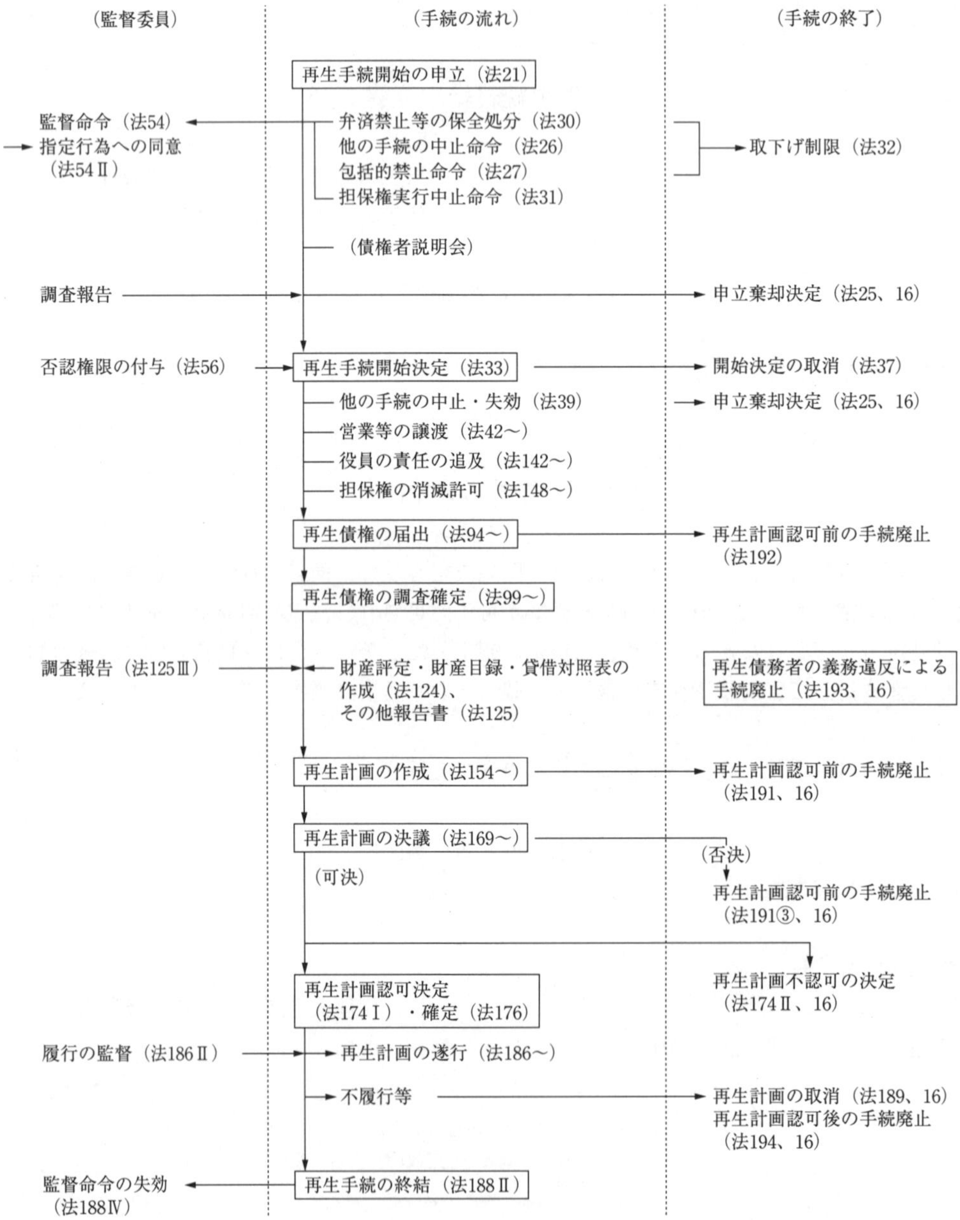
（監督委員）
（手続の流れ）
（手続の終了）
再生手続開始の申立（法21）
監督命令（法54）
指定行為への同意
（法54Ⅱ）
弁済禁止等の保全処分（法30）
他の手続の中止命令（法26）
包括的禁止命令（法27）
担保権実行中止命令（法31）
取下げ制限（法32）
（債権者説明会）
調査報告
申立棄却決定（法25、16）
否認権限の付与（法56）
再生手続開始決定（法33）
開始決定の取消（法37）
他の手続の中止・失効（法39）
申立棄却決定（法25、16）
営業等の譲渡（法42～）
役員の責任の追及（法142～）
担保権の消滅許可（法148～）
再生債権の届出（法94～）
再生計画認可前の手続廃止
（法192）
再生債権の調査確定（法99～）
調査報告（法125Ⅲ）
財産評定・財産目録・貸借対照表の
作成（法124）、
その他報告書（法125）
再生債務者の義務違反による
手続廃止（法193、16）
再生計画の作成（法154～）
再生計画認可前の手続廃止
（法191、16）
再生計画の決議（法169～）
（否決）
（可決）
再生計画認可前の手続廃止
（法191③、16）
再生計画認可決定
（法174Ⅰ）・確定（法176）
再生計画不認可の決定
（法174Ⅱ、16）
履行の監督（法186Ⅱ）
再生計画の遂行（法186～）
不履行等
再生計画の取消（法189、16）
再生計画認可後の手続廃止
（法194、16）
監督命令の失効
（法188Ⅳ）
再生手続の終結（法188Ⅱ）

書式番号
188

再生手続のフローチャート［簡易再生］［同意再生］

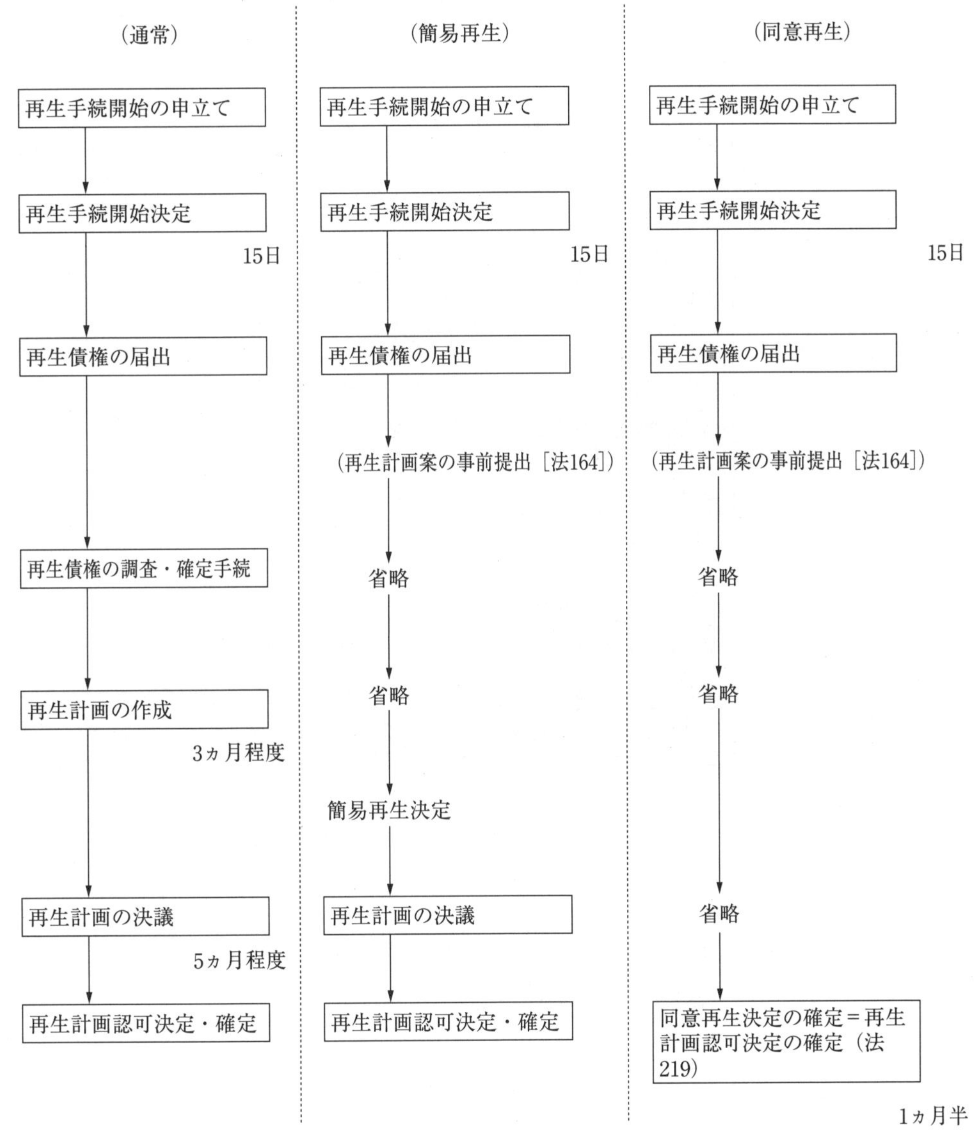

（注）　月数は、東京地方裁判所における一般的な事件に係る申立てからの予想期間

書式番号
189
再生手続のフローチャート（詳細図）

再生手続フローチャート（詳細図）［括弧内の数字は条項の番号］

再生手続開始の申立（21）

・管轄（5、6）
・移送（7）
・手続開始原因事実の疎明（23）
・再生手続開始の条件（25）
・費用の予納（24）

審　　理

・記録閲覧（17、18）
・他の手続の中止命令（26）
・包括的禁止命令（27）、命令の解除（29）
・仮差押え、仮処分その他の保全処分（30）
・担保権の実行としての競売手続の中止命令（31）

保全管理命令（79―即時抗告）

・保全管理命令に関する公告及び送達（80）
・保全管理人の権限（81）
・保全管理人代理（82）
・監督委員の規定等の準用（83）

監督命令（54―即時抗告）

→ 上記（26、27、29、30、31、保全管理命令、監督命令）：手続開始申立の取下制限（32）

・否認に関する権限の付与（56）
・監督委員に対する監督（57）
・数人の監督委員の職務執行（58）
・監督委員による調査（59）
・監督委員の注意義務（60）
・監督委員の報酬等（61）

調査委員（62―即時抗告）

・監督委員に関する規定の準用（63）

法人の役員の財産に対する保全処分（142Ⅱ―即時抗告）

再生手続開始の決定（33）

（実体的権利関係）
・営業譲渡（42、43―株主の即時抗告）
・開始後の権利取得（44）
・開始後の登記・登録（45）
　―善意・悪意の推定（47）

・開始と同時に定めるべき事項（34）
・開始の公告及び送達（35）
・即時抗告（36）
・開始決定の取消（37）
・再生債務者の地位（38）
・他の手続の中止（39）
・訴訟手続の中断（40）
・再生債務者の行為に対する権限（41）

申立棄却決定（25）

・即時抗告（36）

破産手続への移行（16）

（次頁へ続く）

- 開始後の手形の引受等（46）
  —善意・悪意の推定（47）
- 共有関係（48）
- 双務契約（49、51）
- 継続的給付を目的とする双務契約（50）
- 取戻権（52）

- 財産の価額の評定（124）
- 報告書の提出（125）

債務者の義務違反による手続廃止（193）

管理命令（64—即時抗告）

- 管理命令に関する公告及び送達（65）
- 管財人の権限（66）
- 再生債務者の財産関係の訴え等の取扱い（67、68）
- 行政庁に係属する事件の取扱い（69）
- 数人の管理人の職務執行（70）
- 管財人代理（71）
- 郵便物の管轄（72、73）
- 管財人の行為に対する制限（75）
- 管理命令後の再生債務者の行為等（76）
- 任務終了の場合の報告義務等（77）
- 監督委員に関する規定の準用（78）

否認権（127）

- 否認権の対象となる行為（127）
- 手形債務支払の場合の例外（128）
- 権利変動の対抗要件の否認（129）
- 執行行為の否認（130）
- 否認権行使の効果（132）
- 相手方の権利の回復（133）
- 転得者に対する否認権（134）
- 否認権の行使（135）
- 否認の請求（136）
  —異議の訴え（137）
- 監督委員の訴訟参加（138）
- 否認権行使の期間（139）
- 詐害行為取消訴訟等（140）
- 否認の訴え等の中断、受継（141）

法人の役員の財産に対する保全処分（142—即時抗告）

- 損害賠償請求権の査定の申立（143）
- 損害賠償請求権の査定に関する裁判（144）
- 査定の裁判に対する異議の訴え（145、146）
- 査定の裁判の効力（147）

再生債権（84）

- 再生債権の弁済の禁止（85）

- 再生債務者の手続参加（86）
- 再生債務者の議決権（87）
- 代理委員（90）
- 再生債権者等への報償金（91）

再生債権の届出（94）

- 届出の追完（95）
- 届出名義の変更（96）
- 罰金・科料等の届出（97）
- 時効の中断（98）

簡易再生（211、212）

- 即時抗告（213）
- 債権者集会の特則（214）
- 再生計画の効力の特則（215）
- 再生債権の調査及び確定に関する規定等の適用除外（216）

同意再生（217）

- 即時抗告（218）
- 確定した場合の効力（219）
- 再生債権の調査及び確定に関する規定等の適用除外（220）

再生債権の調査・確定（99、100）

（次頁へ続く）

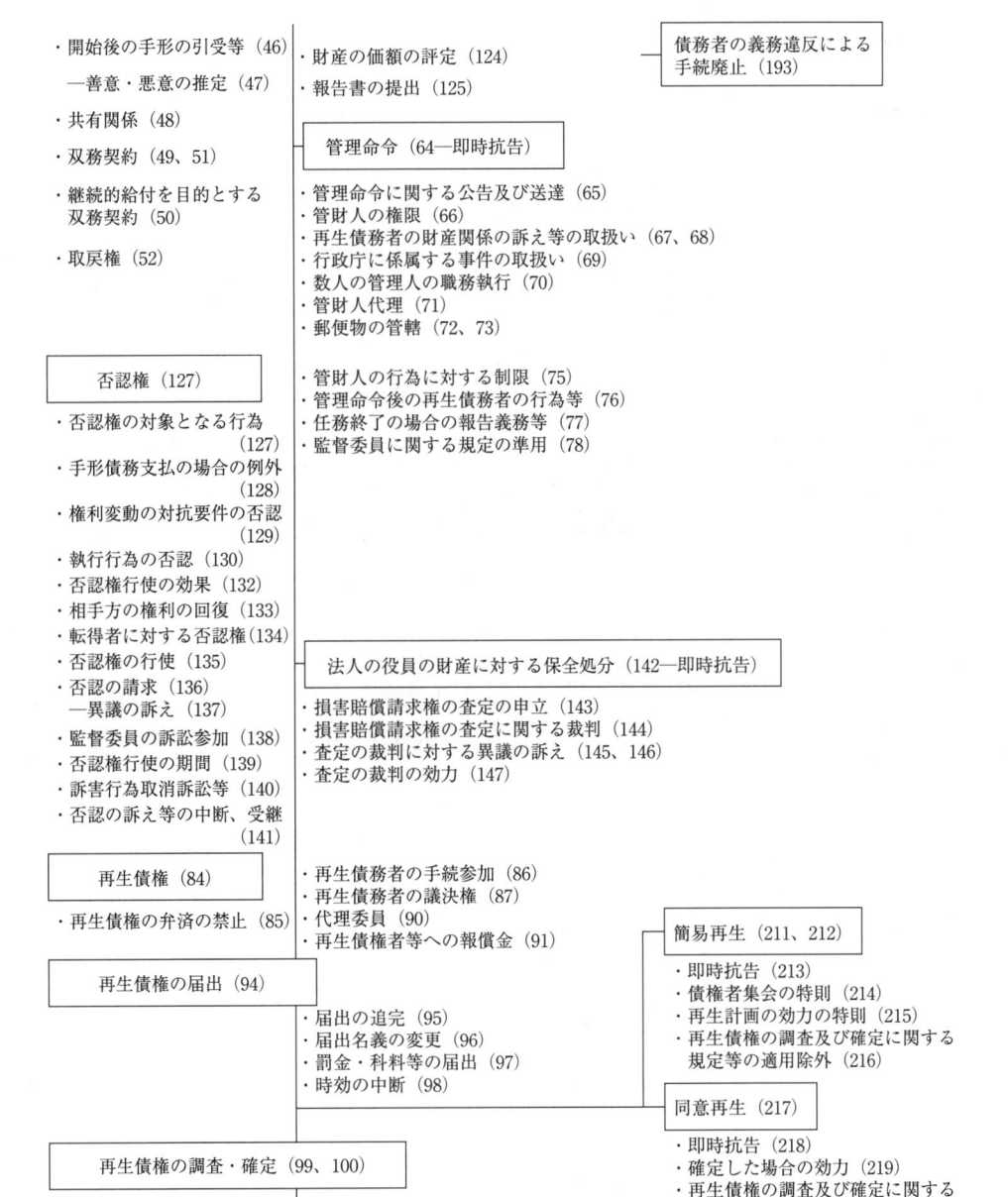

書式番号189　再生手続のフローチャート（詳細図）

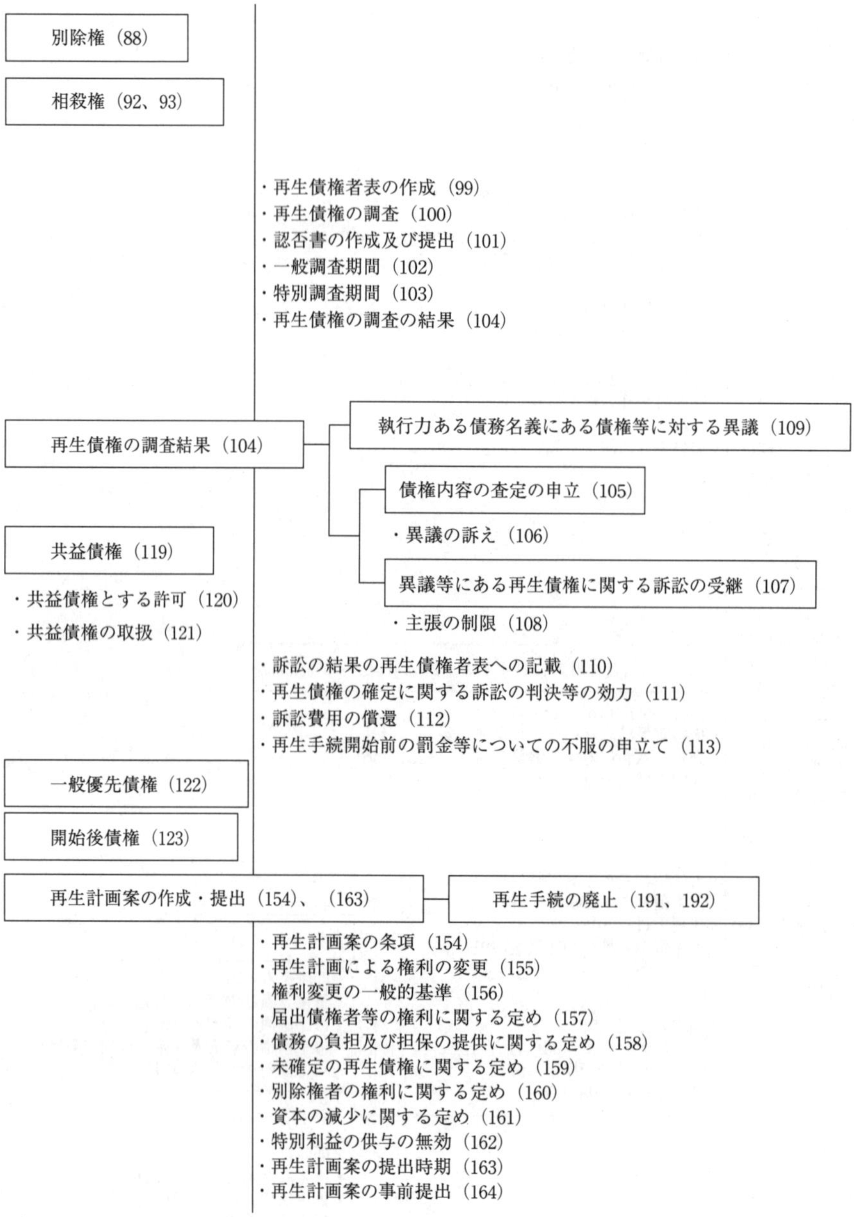
別除権（88）
相殺権（92、93）
・再生債権者表の作成（99）
・再生債権の調査（100）
・認否書の作成及び提出（101）
・一般調査期間（102）
・特別調査期間（103）
・再生債権の調査の結果（104）
再生債権の調査結果（104）
執行力ある債務名義にある債権等に対する異議（109）
債権内容の査定の申立（105）
・異議の訴え（106）
異議等にある再生債権に関する訴訟の受継（107）
・主張の制限（108）
共益債権（119）
・共益債権とする許可（120）
・共益債権の取扱（121）
・訴訟の結果の再生債権者表への記載（110）
・再生債権の確定に関する訴訟の判決等の効力（111）
・訴訟費用の償還（112）
・再生手続開始前の罰金等についての不服の申立て（113）
一般優先債権（122）
開始後債権（123）
再生計画案の作成・提出（154）、（163）
再生手続の廃止（191、192）
・再生計画案の条項（154）
・再生計画による権利の変更（155）
・権利変更の一般的基準（156）
・届出債権者等の権利に関する定め（157）
・債務の負担及び担保の提供に関する定め（158）
・未確定の再生債権に関する定め（159）
・別除権者の権利に関する定め（160）
・資本の減少に関する定め（161）
・特別利益の供与の無効（162）
・再生計画案の提出時期（163）
・再生計画案の事前提出（164）

（次頁へ続く）

・債務を負担する者も同意（165）
・資本の減少等を定める条項に関する許可（166）
・再生計画案の修正（167）
・再生債務者の労働組合等の意見（168）

財産状況報告のための債権者集会（126）

債権者集会における再生計画案に決議（171）　―　書面による再生計画案の決議（172）

・決議の時期（169）
・再生計画案の排除（170）
・再生計画案が可決された場合の法人の継続（173）
・期日の呼出等（115）
・裁判所の指揮（116）
・債権者集会における議決権（117）
・債権者委員会（118）

担保権の消滅請求（148）

・価格決定の請求（149）
・財産に価額の決定（150）
・費用の負担（151）
・価額に相当する金銭の納付（152）
・配当等の実施（153）

再生計画の認可（174）―即時抗告（175）

・再生計画の効力発生時期（176）
・再生計画の効力の範囲（177）
・再生債権の免責（178）
・届出再生債権者等の権利の変更（179）
・再生計画の条項の再生債権者表への記載等（180）
・届出のない再生債権等の取扱（181）
・別除権者の再生計画による権利の行使（182）
・再生計画により資本の減少等がされた場合の取扱（183）
・中止した手続の失効（184）
・不認可の決定が確定した再生債権者表の記載の効力（185）

再生計画の遂行（186）　｜　再生計画認可後の手続廃止（194）

・再生計画の変更（187）

再生手続の終結（188）　｜　再生計画の取消（189―即時抗告）　｜　破産宣告がされた場合の取扱（190）

あ　と　が　き

第二東京弁護士会倒産法制検討委員会では、第２部会が中心となり、昨年７月に「民事再生法の書式」を発刊しました。これは民事再生法の施行に伴い、新法で必要となる書式をまとめたものですが、原稿作成の段階では新法が施行されていなかったため、それまでの会社更生事件や和議事件で使用された書式を参考にせざるを得ませんでした。

その後、民事再生法が施行され、既に相当数の申立がなされておりますが、今回の改訂は民事再生事件で実際に使用された書式を広く集め、執筆者において必要適切な修正を加えたものであり、まさに現実の運用に即したものとなっています。また、書式の数も前回の約２倍に増え、数多くのタイプの再生事案に適用できるように改訂されています。

民事再生法に関しては他にも書式集が発行されておりますが、本書式集は再生手続において実際に使用されたものを中心に作成されておりますので、現場において直ちに役に立つことは間違いありません。また、掲載されている書式例は民事再生手続だけに止まらず、他の倒産手続において利用し得るものが多数含まれており、弁護士のみならず広く倒産案件に関与される方々のお役に立つものと確信しております。

最後に、本書式集の発刊に尽力された執筆者諸氏のご苦労を労うと共に、ご多忙中にもかかわらず、本書式集の監修をご快諾いただきました東京地方裁判所破産再生部の園尾隆司判事に心から深謝いたします。

平成13年４月

第二東京弁護士会倒産法制検討委員会

委員長　那須　克巳

監 修 者 紹 介

園尾　隆司
東京地方裁判所民事第20部総括判事

須藤　英章
第二東京弁護士会所属弁護士

執 筆 者 紹 介

＊五十音順、第二東京弁護士会所属弁護士＊

上床　竜司
江木　　晋
大城　康史
高井　章光
高木　裕康
長沢美智子
野崎　大介
古里　健治
松村　昌人
三森　　仁
村田由里子
山本　　正

民事再生法書式集　新版

新版第１刷　2001年５月30日発行
　　第３刷　2003年５月30日発行

編　者　第二東京弁護士会倒産法制検討委員会
〒100－0013
東京都千代田区霞が関１－１－３
弁護士会館９階　電話　03（3581）2255（代）
http://www.dntba.ab.psiweb.com

発行者　袖山　貴＝村岡侖衛

発行所　信山社出版株式会社
〒113－0033　東京都文京区本郷６－２－９－102
TEL 03－3818－1019　FAX 03－3818－0344

印刷・製本　亜細亜印刷　発売　大学図書

ISBN4-7972－5252－９－C3032